Comorile Întunericului

VOLUMUL II
"ECOURILE UNUI TATĂ"

Joseph C. Sturgeon II

Traducere în limba română de Cristina Bordînc

Published by Seraph Creative

Comorile Întunericului
Volumul 2
"Ecourile Unui Tată"
Joseph C. Sturgeon II
Copyright © 2016 by Joseph C. Sturgeon II

Toate drepturile rezervate. Această carte este protejată de legea copyrightului a USA. Această carte nu poate fi copiată sau retipărită din interes comercial. Folosirea unor scurte citate sau copierea ocazională a unei pagini pentru studiu personal sau în grup, este permisă și o încurajăm.

Citatele Biblice sunt din Biblia română Traducerea Cornilescu versiunea ortodoxă.

English Version published by Seraph Creative in 2016
United States / United Kingdom / South Africa / Australia
www.seraphcreative.org
Typesetting & Layout by Feline
www.felinegraphics.com
All rights reserved. No part of this book, artwork included, may be used or reproduced in any matter without the written permission of the publisher.

ISBN 978-0-6486986-0-9

DEDICAȚIE

Părinților și prietenilor apropiați din viața mea de ambele părți ale vălului. Importanța voastră în inima mea nu poate fi supraevaluată.

CUPRINS

CAPITOLUL 1 : 14 ....IOSAFAT

CAPITOLUL 2 : 22 ....EZECHIEL

CAPITOLUL 3 : 36 ....IACOV

CAPITOLUL 4 : 44 ....PURITATEA

CAPITOLUL 5 : 52 ....REGELE DAVID

CAPITOLUL 6 : 60 ...............NAZARINEANUL

CAPITOLUL 7 : 66 ....MOISE

CAPITOLUL 8 : 74 ....IOAN CEL IUBIT

CAPITOLUL 9 : 84 ....ENOCH

CAPITOLUL 10 : 97 ....EINSTEIN

CAPITOLUL 11 : 105 ....DANIEL

CAPITOLUL 12 : 109 ....IOSIF TÂMPLARUL

Îți voi da comorile întunericului, bogății ascunse în locuri tainice,

ca să știi că Eu sunt Domnul,

Dumnezeul lui Israel,

care te chem pe nume.

- Isaia 45:3

INTRODUCERE

Doresc să vă invit într-o călătorie a inimii. Puneți-vă centurile de siguranță! Totul a început într-o zi când eram student și lucram în secretariatul secției de terapie intensivă neonatală a unui mare spital. Până în ziua de astăzi, rămâne cea mai intensă slujbă pe care am avut-o vreodată. În acea zi, era timpul prânzului și îmi era poftă să mănânc niște nachos delicioși. M-am dus la un local pe care îl frecventam atunci și m-am așezat să mănânc. După ce mâncarea mea delicioasă mi-a fost adusă, m-am uitat spre intrarea localului și am văzut intrând un om pe care nu îl mai văzusem înainte. Părea a fi African, un om al străzii, sigur pe sine și liniștit. Imediat ce a intrat pe ușă, s-a uitat direct la mine, a pășit spre mine, a luat loc la masa mea și părea că m-ar fi căutat. Avea niște ochi albaștrii UIMITORI, plini de pace și tărie de caracter. Aspectul lui exterior venea în contradicție cu ce emana din interior. În acel moment al vieții eram tânăr atât ca vârstă cât și în credință și pentru mine, aceasta era prima apariție inedită. În mintea mea îmi imaginam diferite scenarii, toate pozitive. Concluzia mea interioară a fost că ar trebui să îi vorbesc de Dumnezeu dar nu știam cum să fac. După un minut în care ne-am privit unul pe altul fără să vorbim, am început să mă simt incomod și i-am oferit mâncarea mea. Mi-a făcut semn că nu îi e foame, dar nu a rostit nimic. În loc de a spune ceva a scos un creion și o bucată de hârtie. A scris, " Numele meu este Eduard și aparțin lui Dumnezeu. El a înviat. Vrei să te rogi pentru mine?"

Am dat din cap aprobator și, când am întins mâna să o iau pe a lui, m-a prins de braț ca William Wallace (Breaveheart). Zâmbind, mi-am plecat capul cât de bine am putut și am încercat să mă rog. Nu am putut. Nu mă puteam ruga. În acele zile eram destul de bun în a născoci repede o rugăciune religioasă dar nici măcar asta nu puteam face în acel moment. Singurul lucru la care m-am putut gândi era, " Mulțumesc lui Dumnezeu că omul ăsta e surd și are capul plecat." După câteva minute în care chiar m-am străduit să îl ascult pe Domnul și să mă rog, am renunțat, i-am strâns brațul ca să știe că am terminat și am spus, "Amin". Nu am mai putut mânca așa că ne-am ridicat amândoi și am ieșit afară. El a luat-o la stânga mergând în jos pe stradă, de unde venise. După ce a trecut de o vitrină, acolo unde nu putea să îl vadă nimeni, s-a întors cu fața spre mine. Nu m-am așteptat la ce urma. Acest om cu care tocmai am stat și am luat masa – un om care avea un trup fizic și scrisese cu un creion pe o bucată de hârtie obișnuită, cuvinte reale, care mi-a spus numele dat lui de părinți – a făcut semn cu mâna, a tras cu ochiul și a dispărut brusc ziua în amiaza mare.

Mi-a fost cam greu să merg înapoi la servici, dar am fost în stare să mă descurc și să termin ziua cu bine. Mai târziu în acea seară am adormit liniștit și am avut un vis care m-a transformat și o întâlnire vie în vis. Stăteam în afara spațiului când l-am văzut pe Eduard la distanță, venind spre mine – exact cum a fost când eram la restaurant. Când era cam la 10 metrii de mine, s-a transformat în ceva ce nu mai văzusem până atunci. În jurul lui a apărut un trup glorificat care l-a învăluit, arătând cine era cu adevărat. Acum era într-o stare glorificată, strălucind puternic, îmbrăcat în alb. Acesta era un om îmbrăcat în in alb din norul de martori cerești, nu era un înger. Eduard m-a privit și mi-a spus, "Toată întâlnirea noastră nu a fost pentru ca tu să te rogi pentru mine, a fost pentru ca eu să te văd și să investesc în viața ta. De aceea nu te-ai putut ruga."

Întâlnirea pe care tocmai ați citit-o, m-a făcut să încep să învăț despre cine sunt Oamenii în Alb și să am mai multe întâlniri în Cer. Iată altă întâlnire. Când sunt singur acasă obișnuiesc să trag la masă câteva scaune și să invit Cerul să stea la masă cu mine. Era o zi obișnuită și nu am simțit nimic deosebit în acea zi până când ochii mei spirituali au fost deschiși. Isus, Petre, Iacov și Ioan au apărut și au luat loc pe scaunele pe care le pregătisem. I-am văzut în spirit în fața mea la fel de clar ca și când tu și cu mine am mânca la aceeași masă dar de data aceasta ei nu erau prezenți în trupurile lor fizice. Brusc, bucățile mele de covrig din farfurie nu mai contau. Isus m-a privit și cu un zâmbet sincer mi-a spus, "Vreau să fi prietenul nostru. Acum mănâncă și vom vorbi după aceia." Uimit, m-am uitat cum cei patru au început să mănânce mâncarea proaspătă care a apărut în fața lor, mâncau într-o liniște de reflectat. Puteam să le aud gândurile deoarece toate lucrurile spirituale erau accesibile și se manifestau înaintea noastră cu o ușurință perfectă, în tihnă. Reflectau cu gratitudine asupra vieților lor în timp ce au trăit pe Pământ și asupra unor lucruri care tocmai s-au întâmplat în Cer. Era plăcut să îi văd și să le aud gândurile, să le privesc zâmbetele în timp ce procesau acele gânduri. Isus mi-a întins o bucată din mâncarea lor care presupun că era mană, ne-având nici cea mai mică idee de ce urma să se întâmple. Am mâncat acea mâncare spirituală și imediat trupul meu fizic nu a mai simțit foame. Tot ce doream era mai mult Dumnezeu. Mi-am contemplat trupul fizic dorindu-L pe Dumnezeu și am realizat că Regele David a simțit la fel.

După aproape treizeci de minute în care am privit această scenă manifestându-se înaintea mea, se părea că toți au terminat de mâncat. Unii au terminat înaintea altora și au așteptat cu răbdare dar Ioan a terminat ultimul. Știa că este iubit și nu îl deranja ca ceilalți așteptau să termine. Mi-a făcut cu ochiul și eu am zâmbit. Ioan a fost primul care a vorbit. S-a uitat la Petre și a început să vorbească cu el despre lucruri care urmau să se întâmple în Cer și pe Pământ, lucruri în care Petre era direct implicat. Părea a fi o profeție dar în această atmosferă totul era vizibil și cunoscut de toți deci nu era o profeție așa cum eram eu obișnuit. Era o conversație la cina de seară despre ce urma să facă Cerul și cum urma Cerul să fie implicat în ceea ce se întâmplă pe Pământ, din perspectiva unor persoane care știau totul despre asta și care urmau să fie imediat implicate direct. Onoarea și iubirea pe care le-am simțit fiindu-mi permis să particip la această conversație, m-au copleșit și m-au smerit. Iubirea venea în valuri care mă spălau și onoarea îmi întărea adâncul ființei mele.

Această carte s-a născut din viziunea despre care tocmai ați citit și din întâlnirile și tovărășiile cu alți "Oameni în Alb". După această experiență am început să înțeleg prietenia cu Isus și cu cei plecați înaintea mea în diferite feluri, și a trezit în mine o foame de schimbare și creștere în această direcție. Acești oameni sunt VII ÎN HRISTOS și mi-a fost permis accesul la ei. În acel moment al vieții mele nu cunoșteam pe nimeni personal care să fi avut experiențe similare ceea ce mi s-a părut și mai captivant. Am decis în inima mea să merg mai departe!

Această carte a fost scrisă complet diferit față de prima carte, "Cronicile unui văzător". Într-o seară în care m-am apropiat de Moise, a apărut Daniel. Ei m-au invitat în Curtea Oamenilor în Alb ca să primesc mandatul pentru această carte. După ce am primit acel mandat și am realizat despre ce va fi această carte, mi-am dat seama că nu putea fi scrisă în același fel ca prima carte. Această carte trebuia văzută și scrisă din perspectiva "sfârșitului de la început" și a "începutului de la sfârșit" în Cer. Deși am văzut lucruri din această perspectivă în trecut nu știam cum voi putea transpune asta în scris.

Daniel mi-a explicat, "Va trebui să poți să cuprinzi întreaga carte în mâna și inima ta, să vezi un capitol și să îl scrii. Uneori vei scrie în capitolul doi, alteori vei scrie în capitolul unsprezece. Asta nu înseamnă că trebuie să ai scrise capitolele de la trei la zece. Înseamnă că trebuie să poți vedea întreaga carte în același timp ceea ce înseamnă că este necesar să fi dezlegat de Pământ, de darurile tale profetice și de multe alte lucruri. Nu vei putea face asta cât timp ești legat de Pământ, de soare de lună și de stele. În timp ce vei scrie cartea, vei trece prin momente în care cuvinte ca 'timp', 'oboseală' și 'somn' nu vor mai avea semnificație pentru tine. Dacă vei scrie cartea de aici , trebuie să fi aici ca să o faci și acele cuvinte nu au sens aici (în Cer)."

A continuat, "Așa cum vei vedea în mandatul primit, fiecare capitol va fi despre întâlnirea ta cu un Om în Alb. Sunt doisprezece capitole și fiecare va fi despre interacțiunea ta cu unul din Oamenii în Alb. Trebuie să alegi pe cine vei include pentru că toți doresc să fie implicați. Când îi vei alege pe cei doisprezece, ei vor forma un consiliu pentru a te ajuta la scrierea cărții, for fi sfătuitorii tăi. Vei avea acces tot timpul. Onorează-i pentru că doresc să investească în Pământ și în generații prin scrierea ta."

Copleșit fiind, abia am reușit să întreb, "Cum să aleg?"

Moise care stătea lângă noi răbdător mi-a răspuns, "Privește."

În timp ce priveam, s-a organizat o întâlnire a Oamenilor în Alb. Banca trinității (Guvernul Ceresc) prezida adunarea, și scopul întâlnirii era să se decidă cine, unde și ce doresc să investească din cei prezenți. După ce întâlnirea s-a terminat, mi s-a dat un sul cu fiecare parte a întâlnirii pe el. Cu ajutorul acelui sul am ales cine va fi parte din Consiliul pentru această carte. Numele lor sunt titlurile capitolelor.

După ce am ales consilierii, am stat cu ei atât individual cât și împreună pentru a vorbi despre carte și a primi sfaturi. Uneori îmi vorbeau despre lucruri pe care nu le înțelegeam și pe care nu le mai auzisem. Când se întâmpla asta, trebuia să pătrund în întuneric (lucrurile nedescoperite încă), să găsesc răspunsul și să îl scot la lumină, pentru a avea un loc în inima mea și în ziua mea. Mă conectam la Cer dimineața devreme, când răsărea soarele, cu o cană de cafea atunci când căutam ceva nou pentru a fi manifestat în viața mea. Există o poartă între locurile nedescoperite încă și lumină, a trebuit să învăț să stau în acea poartă și să administrez informația din acel loc.

Această carte am scris-o mult mai repede decât pe prima. Prima carte, "Cronicile unui Văzător", mi-a luat patru ani. Această carte, "Ecourile unui Tată", am scris-o în cam șase luni. Este important de notat că atunci când am văzut cartea și tot ce va fi în ea, viziunea avută a format un cadru, un schelet al cărții. MAJORITATEA întâlnirilor despre care am scris în carte s-au petrecut în ultimii opt ani. Am scris opt cu litere îngroșate pentru a sublinia faptul că ceea ce veți citi, deși a fost scris într-un timp scurt, relevația a progresat în viața mea pentru un timp lung. Doar acum este momentul în care pot vorbi despre asta. Am scris cartea ca și când ar fi o serie de evenimente continue pentru ca revelația să fie eliberată într-o formă care îi permite cititorului să primească această revelație (pentru care mie mi-au trebuit opt ani) într-un timp scurt. Veți constata că unele întâlniri sunt mai lungi decât altele. Aceasta nu reflectă în nici un fel importanța oricărui aspect a ceea ce este de citit în această carte. Am inclus întâlniri lungi și scurte pentru fluența cărții.

Doi factori au avut rol cheie în ceea ce privește timpul necesar scrierii și articulării corecte a cărții. Concentrare și dorință. De multe ori este greu să comunicăm întâlnirile din Cer, nu există cuvinte care pot descrie ce vedem. Singura soluție este să învățăm să ne petrecem tot timpul acolo. Da, am o slujbă. Am câteva slujbe de fapt. De asemenea am familie și prieteni. Sunt de fapt destul de "normal". Cheia este ca prin dorință să înveți să îți păstrezi concentrarea deasupra (în Cer) în timp ce funcționezi în viață. Când se întâmplă asta, abilitatea ta de a comunica ce ai văzut în altă dimensiune, se va îmbunătăți. Nu se va îmbunătăți doar pentru că poți articula bine deoarece limbile pământului sunt frânte. Se va îmbunătăți datorită a ceea ce ai întâlnit dincolo de timp și spațiu. Dincolo de guvernarea soarelui, lunii și stelelor unde mâine și începutul timpului există în același loc. De acolo trebuie să învățăm să comunicăm. Chiar și cuvintele scrise pe un computer vor căra cu ele grația de a comunica mult mai mult decât pot să o facă niște cuvinte firave, datorită a ceea ce ați întâlnit în Cer. Acesta este secretul.

Scopul meu în a scrie această carte (care a fost și cea mai mare provocare) este de a deschide uși pentru alții prin care ei să pătrundă, în mod specific în ceea ce privește Oamenii în Alb și să îi reprezint bine pe Oamenii în Alb. Îmi doresc să îi onorez. Cartea începe cu o fundație biblică legată de întâlnirile cu Oamenii în Alb, prezentată de Iosafat apoi trece la diferite aspecte despre cum poate fi atunci când îi întâlnim. Oamenii în Alb au multe de comunicat Bisericii. Cred că ceea ce veți citi, este o mică parte.

Pierdut în privirea Lui,

Joseph

Iosafat

CAPITOLUL 1

"IOSAFAT"

O EXPLICAȚIE A OAMENILOR ÎN ALB

Stând pe o plajă de nisip alb, privind peste Oceanele Eternității și admirând valurile care se spărgeau ușor de mal, eram cuprins de venerație pentru Dumnezeu și tot ce a făcut. Când soarele a apus în liniște am privit multitudinea de stele lăudând pe Dumnezeu în Ceruri. În Comoara Liniștii comunicam în mod intim cu Tatăl în pace perfectă, în timp ce eram umplut de putere să împlinesc totul în ascultare. Privind peste Oceane am văzut oamenii lui Dumnezeu pe Pământ formând linii de bătaie și pregătindu-se să lupte împotriva dușmanului. Erau mulți luptători dar doar câțiva Părinți.

În timp ce priveam, Isus a venit din spatele meu și s-a așezat pe plajă. Câțiva din oamenii din armată au început să realizeze că au nevoie de Părinți și de întâlniri cu Cerul pentru a fi mai bine organizați și a lupta mai eficient. Realizând că au nevoie de ajutor, câțiva din acei oameni au căzut cu fața la pământ întrebând pe Domnul. În momentul în care s-au închinat au apărut imediat pe plajă stând în fața lui Isus. Înainte ca ei să poată vorbi, Isus – cu un ton ferm ca unul care avea toată autoritatea – a spus, " Vi-l voi trimite pe Iosafat."

Mulțumiți, oamenii au dispărut și în același timp stăteau în picioare plutind deasupra pământului în depărtare. Intrigat, l-am întrebat pe Domnul ce a vrut să spună. El a răspuns, "Ascultă."

În timp ce ascultam, am auzit un cântec și un sunet din depărtare, "O' când sfinții, o' când sfinții, o' când sfinții năvălesc." Isus m-a privit cu o iubire sinceră și a spus, "trebuie să plec acum dar O' ce aventură te așteaptă."

Apoi Isus a dispărut lăsând în urma Lui doar o briză ușoară care a suflat nisipul în jur în locul în care șezuse, și un pergament vechi care părea că tocmai a fost desigilat. Era mandatul pentru această carte.

În timp ce îl examinam, sunetul cuiva care se apropie mi-a atras atenția. Când m-am uitat în sus am văzut un om îmbrăcat în haine de in alb pășind spre mine, relaxat. Nu era foarte înalt și avea o înfățișare pașnică așa că m-am ridicat să îl întâmpin. Mi-a vorbit cu o voce elegantă, " Bună, eu sunt Iosafat. Voi fi cu tine în prima parte a acestei călătorii. Vreau să merg cu tine și să îți explic câteva lucruri pentru ca tu să poți să înțelegi și să înveți să colaborezi cu cei plecați înaintea ta. Avem multe de investit în viețile oamenilor care umblă cu Dumnezeu pe Pământ acum și este esențial să înveți."

Bucuros și în deplină liniște interioară, am fost de acord și l-am întrebat unde ar trebui să încep. A zâmbit și mi-a spus, "Ia pergamentul lăsat de Isus și mănâncă-l."

Mi-am amintit de călătoria mea din trecut, cum cartea lui Isaia mi-a încăput în gură chiar dacă era mare, așa că am deschis larg gura și l-am înghițit întreg. Am chicotit în sinea mea amintindu-mi cât de uimitor, complet ciudat și surprinzător a fost prima dată. Privindu-l iar pe noul meu prieten, mă întrebam ce urma să se întâmple în continuare; el mi-a explicat, "Cei pe care tu îi numești 'Oamenii în Haine de In Alb' sau 'Norul de Martori' au fost prezenți chiar înainte de Avram. Când Avram a stat la ușa cortului său și i-a văzut, el era în spirit ca și Ioan în Apocalipsa. Și-a ridicat ochii și i-a văzut venind. Deși au existat întâlniri de acest gen înainte de asta, trebuie să înțelegi că s-a scris despre astfel de întâlniri cu mult timp în urmă. Avram a interacționat cu Oamenii în Alb și cu Tatăl, și a avut o relație de lucru cu ei în zilele lui. Avram este parte din Norul de Martori și investește în viețile oamenilor de pe

Pământ acum."

Intrigat, am întrebat, "Asta este grozav. Au fost și alți oameni despre care s-a scris că au întâlnit Oameni în Alb?"

Privindu-mă cu sinceritate ca un tată iubitor, mi-a răspuns, "Ai citit despre ei, dar nu ai pus piesele împreună. Sunt MULTE documentări ale unor astfel de întâlniri de-a lungul istoriei, dar sunt câteva despre care ai citit și nu ai realizat ce citeai. Iosafat a citat din nou pasajul unde Avram s-a întâlnit cu cei trei Oameni în Alb și mi-a spus, "Avram a văzut trei OAMENI. Nu trei îngeri și nu pe Isus. Au mâncat cu el așa cum o fac oamenii."

A continuat, "În Ezechiel Capitolul Zece, Ezechiel a vorbit cu un OM îmbrăcat în IN și omul în in l-a instruit cu privire la ce va urma. În Daniel Capitolul Doisprezece un om în in alb este menționat de mai multe ori. În Noul Testament, în Matei Capitolul Șaptesprezece și Marc Capitolul Nouă, însuși Isus s-a întâlnit, a petrecut timp și a vorbit cu Moise și cu Ilie care erau îmbrăcați în alb. În Marc Capitolul Șaisprezece doi oameni ședeau îmbrăcați în haine lungi albe și în Faptele Apostolilor Capitolul Unu, apar doi Oameni în Alb. Acestea sunt doar câteva exemple din biblie. Sunt multe, multe evidențe de genul acesta de-a lungul istoriei, când oamenii s-au întâlnit cu aceia dintre noi care sunt în Norul de Martori."

În timp ce vorbea mi se părea că noi dimensiuni de informație și posibilități se deschideau în jurul meu. Eram pătruns de lumină și înțelegere la un nivel pe care nu mi l-am putut imagina, și cu multă gratitudine am continuat să pun întrebări.

Am spus, "E extraordinar să pot vorbi cu tine. Aș putea te rog, să îți mai pun câteva întrebări?"

"Voi răspunde la ele cu plăcere, de aceea sunt trimis aici", a remarcat el.

"Ceea ce facem noi acum e considerat a fi necromanție?", am întrebat.

Iosafat a izbucnit în râs, "Par mort?" Zâmbind, am răspuns, "Din contră!"

Iosafat a elaborat, "Cei care au plecat în Hristos, sunt încă vii în Hristos. Tu ești viu acum în Hristos și vei fi viu pentru totdeauna. Cei care nu sunt în Hristos sunt morți, indiferent dacă au murit fizic sau nu – dar pentru cei care sunt vii în El, ei sunt vii indiferent dacă sunt aici sau dincolo. Deci nu, aceasta nu e necromanție. Sunt foarte viu. Biserica de pe Pământ și Biserica Cerească sunt Una. TOȚI suntem martori. Biserica Primului Născut. Lucrăm împreună și sunt vii în El."

În timp ce vorbea, era ca și când primeam valuri de informație conținută în lumină. Înțelepciunea Tatălui care și-a imaginat și construit astfel de relații era demnă de venerat. Era ca și când o parte a lui Iosafat și a revelației pe care a primit-o în timpul vieții lui de pe Pământ și din Cer, era retransmisă mie în iubire. Era de la Tatăl dar îmi era comunicată mie de 'Un' tată.

Scufundat în iubire și prezență divină, am pus o altă întrebare," De ce dați, investiți și semănați voi în viețile noastre?"

Iosafat a răspuns imediat, "Este cea mai mare onoare a noastră să putem să investim și semănăm în generația care se află pe Pământ acum. Suntem atât de entuziasmați, plini de bucurie și de mari așteptări pentru ce va vedea, va realiza și guverna această generație care este acum pe Pământ. Voi sunteți cu adevărat Cei Strălucitori. În primul rând, sunteți înconjurați de un Nor de Martori care vă iubesc și vă încurajează. În al doilea rând, lucrarea noastră nu s-a terminat. Ceea ce am fost chemați să facem și lucrările Tatălui pe Pământ, trebuie terminate. Când 'investim' sau 'semănăm', noi eliberăm revelația pe care am primit-o sau în care am umblat în timpul vieții noastre pe Pământ – și poate puțin din ce am primit după aceea - pentru ca oamenii, orașele și națiunile să poată să împlinească lucrarea Tatălui destinată și declarată dinaintea facerii lumii. Prin acest proces va fi finalizată lucrarea pe care am fost chemați să o facem. Biserica Primului Născut este unificată în intențiile sale. Uite de exemplu: în Matei unsprezece, Isus spune despre Ioan Botezătorul că el este Ilie, cel care trebuia să vină. Ilie și Ioan Botezătorul au avut o relație de colaborare, Ilie semănând relevație în Ioan."

"O parte a frumuseții planului creat de Tatăl nostru este cercul revelației care devine complet fiind semănat în viețile voastre, prin noi. Unul din cele mai importante momente de a investi în viețile voastre este în timp ce vă închinați și îl slăviți pe Dumnezeu și în timp ce luați comuniunea (împărtășania). Un fel de a vedea lucrurile este: în timp ce vă închinați și luați comuniunea în intimitate cu Tatăl, începe un proces în care se pregătește un loc pentru El în inima voastră. Când se întâmplă asta, noi recunoaștem o platformă sigură de a ateriza și investi, devenim astfel extensii ale brațelor Tatălui în viețile voastre – completând astfel cercul. Voi primiți revelația prin viețile noastre în formă de sămânță pe care noi o semănăm în viețile voastre. Asta vă lansează din nou într-un ciclu de închinare, comuniune, revelație și apoi transformare – când sunteți schimbați literalmente din interior spre exterior, de către lumina și frecvența Cerului, a Iubirii, a Prezenței Divine și a Revelației – trăgându-vă mai adânc spre scopul final: de a fi găsit în EL."

"Strigătul inimilor în generația voastră este: intimitate. Refuzați să fiți legați și constrânși de oameni și nu vă temeți să credeți că Dumnezeu este mult mai mult decât ați învățat de mici. Acum este timpul de a lua jos capacul limitelor și noi toți vă vom fi alături să vă ajutăm."

Am fost uluit de cât de mult îmi înțelege inima și de cât de mult cei din Norul de Martori investesc în generația noastră. Era ca și când o întreagă generație a fost marcată special de Dumnezeu să umble în aceste timpuri. Am fost copleșit de complexitatea planurilor Tatălui și am început să simt un vânt răsucindu-se în jurul meu. Eram răpit de iubirea Lui și cuprins de îmbrățișarea Sa. Capacitatea Tatălui de a face lucruri de asemenea magnitudine și în același timp de a mă cuprinde în brațele Sale iubitoare îmi tăie răsuflarea. Copleșit fiind, m-am întins cu fața în jos pe nisip și am plâns de bucurie pentru un timp (ore- chiar zile? - în spirit timpul e foarte relativ). Nu mai îmi păsa de timp. Nu puteam să pătrund cu mintea iubirea Tatălui, totuși El mă îmbrățișa ca și când eu aș fi singurul care contează.

După ce mi-a acordat mult timp ca să mă adun și să îmi redobândesc calmul, Iosafat mi-a spus, "Ai să reușești?"

Privindu-l iar pe noul meu prieten, îi apreciam simțul umorului și mă întrebam ce va urma. În acest timp, un portal a început să se deschidă în fața mea. M-am uitat spre Iosafat știind că el are idee despre ce se întâmplă. Auzindu-mi gândurile, mi-a spus, "Mandatele cerești (suluri, pergamente) se transformă în porți între dimensiuni (portaluri). Este timpul ca tu să treci prin această poartă și să te întâlnești cu Ezechiel. El îți va descoperi cum va arăta implicarea în viitor a Oamenilor în Alb. Înainte de a pleca este esențial să înțelegi importanța de a administra porțile. Se spune "a sta în despărțitură"('gap' atunci când intervenim pentru cineva în rugăciune, stăm în locul lor înaintea lui Dumnezeu) și "a sta în poartă". Fiecare are locul său. Când stai în despărțitură, îi ceri Tatălui ceva în locul altcuiva. Când stai într-o poartă, îți asumi rolul de fiu, ca legislator și administrator a ceea ce deja ți-a fost dat. Tatăl crește fii care înțeleg cum să stea în aceste porți interdimensionale și să administreze din Cer ceea ce au învățat ÎN Cer".

Poarta era făcută din lumină pură și părea să existe într-un loc în afara timpului și spațiului și totuși era chiar în fața mea. Poarta emitea un sunet ca un vuiet, atât de puternic încât părea răgetul unui leu, și era complet înconjurată de iubire. Emoționat și fără frică am pășit prin poartă.

CAPITOLUL 2

"EZECHIEL"

Când am pășit prin poartă, am realizat că, deși vedeam "viitoarea" implicare a Oamenilor în Alb, mă aflam încă în eternitate – așa că "ce va fi" era la fel de accesibil ca și "acum" și "ce a fost". Asta făcea plauzibil ca ceea ce urma să descopăr se putea întâmpla acum sau se putea să se fi întâmplat de mult. De asemenea însemna că ceea ce urma să văd este parte din viitorul nostru minunat.

Fiind încă uimit de ceea ce tocmai s-a întâmplat, mi-a trebuit un moment să respir și să mă obișnuiesc cu împrejurimile. Mă aflam undeva deasupra atmosferei terestre, privind spre Pământ dar eram încă în afara timpului. Chiar dacă ar părea că pluteam prin spațiu, nu era așa. Nu mă aflam pe un Pământ fizic. Această dimensiune în care mă aflam avea calități fizice proprii. Era diferită de cea de pe Pământ. Era o dimensiune diferită cu proprietăți fizice specifice ei, ocupând aparent același spațiu cu lumea fizică pe care noi o numim realitate. Nu mă aflam în Cer per se, dar mă aflam într-o dimensiune superioară față de cea cunoscută de noi, și nu mă născusem în această dimensiune. Am înțeles cum expresia de "a fi complet străin în această lume", avea sens. Suntem născuți din Cer – dintr-o dimensiune foarte înaltă, într-o dimensiune mai de jos. Deci dacă nu suntem din această dimensiune ci am ales să intrăm în ea (ceea ce am făcut de bună voie, fiind capabili să ne vedem întreaga viață înainte de a trăi) atunci suntem "străini acestei lumi". Aceasta reprezintă cea mai mare ocazie a noastră de a fi ca și Hristos – Isus Hristos venind în această lume, smerindu-se și servind într-o dimensiune de jos a lumii create de El, acesta fiind cel mai mare act de smerenie făcut vreodată.

După ce am intrat într-o stare mai profundă de realizare și

iluminare, am privit în sus și l-am văzut pe Ezechiel venind spre mine. Ezechiel avea o înfățișare sălbatică. Ochii lui erau aprinși, plini de fulgere, și frecvența divină pe care o emana mă afecta puternic. Felul în care pășea era întruparea puterii, smereniei, gentileții și părea a fi un om care nu se teme de nimic. Era liber în tot ce făcea, chiar și în felul abandonat în care se mișca și mergea cu îndrăzneală. Ezechiel, ca și mulți alți Oameni în Alb, părea ca un tată și era serios implicat în rugăciunile sfinților. Această trăsătură a sa, deși era doar o mică parte din personalitatea lui, era perceptibilă din frecvența, culorile și gloria pe care le emana sub forma unei vibrații (Woom, woom, woom).

Când s-a apropiat, am vorbit primul și am spus, "Ezechiel, nu știu prea multe despre tine cu excepția a ceea ce discern acum și ce a fost scris despre tine în biblie, dar vreau să te reprezint bine în scrisul meu. Te rog ajută-mă."

A zâmbit apoi a izbucnit în râs ca și când ar fi știut ceva (sau în cazul acesta mulți de 'ceva') ce eu nu știu și nu mi-a răspuns, nici nu mi-a adresat cererea. Am presupus că probabil că știe mai multe lucruri despre mine decât știu eu și eram împăcat cu gândul acesta, așa că nu am mai considerat cererea mea prea mult.

Cu un zâmbet plin de iubire a continuat ușor dar direct, "Vreau să îți arăt o parte din ce înseamnă implicarea Oamenilor în Alb. Tu ai trecut prin multe experiențe de genul acesta și de aceea te afli aici, dar ne aflăm într-un moment în timp când oamenii devin din ce în ce mai conștienți de implicarea noastră directă în viețile lor personale, a orașelor, a națiunilor și chiar a generațiilor. Odată ce deveniți din ce în ce mai conștienți de activitatea noastră actuală, va crește frecvența și magnitudinea activității noastre. Creșterea în frecvență și magnitudine va începe cu semănarea și investiția în destinele voastre dar va continua dincolo de ceea ce vreau să îți arăt eu acum."

"Primul lucru pe care vreau să ți-l arăt, e din biblie. Mulți au citit întreaga lor viață dar nu au înțeles. Majoritatea oamenilor din zilele tale au atribuit întâlnirile îngerilor dar lucrurile sunt mai profunde și explică una din întâlnirile pe care le-ai avut. În capitolul Evrei treisprezece se vorbește despre întâlniri cu îngeri. Cuvântul și realitatea cuprind mult mai mult decât consideră majoritatea. Ce dorește autorul acestui capitol să se înțeleagă se referă la mesageri, nu numai la îngeri. Semnificația extinsă a cuvântului mesager în acest context este mult mai largă, dar tu ai gustat puțin din începutul a ceea ce înseamnă, atunci când ai luat masa cu Eduard (despre care am scris în introducere). Oamenii în Alb pot fi considerați mesageri. Acum haide să mergem și să vedem cum se întâmplă asta."

Stând lângă Ezechiel în timp ce vorbea era ca și când aș fi stat pe o podea care vibra de un milion de ori pe secundă dar, pentru că eram în Cer, vibrația și frecvența pe care le emana, le-am perceput prima dată în interior. Am știut că dacă vreau să continui cu Ezechiel trebuie să mă adun suficient ca măcar să aud și să văd ceea ce dorea să îmi arate, pentru a avea o bună înțelegere care îmi va permite să revizitez această experiență din nou. Hotărât, am dat aprobator din cap ca semn că sunt gata să continue. Ezechiel a întins mâinile spre mine. Cu frică, l-am luat de mâini și instantaneu ne-am aflat într-un loc diferit.

Ne aflam în sufrageria unei case. Acolo se afla un om care se închina, abandonat în rugăciune. Nu îl voi descrie pe acest om pentru că s-ar putea să îl întâlnesc vreodată. În timp ce acest om îl venera pe Isus, Ezechiel mi-a spus, "Acum privește!".

Înainte ca Ezechiel să rostească aceste cuvinte, lumina, frecvența și vibrația luminii pe care le emana, au început să se intensifice substanțial. Lumina are albă, pură. A început să aibă efecte fizice asupra acelui om și imediat el s-a închinat cu fața la pământ, lăudându-L pe Isus. În acel moment Ezechiel i-a șoptit ceva la ureche. Acel om a început să plângă și a spus, "Te văd, mulțumesc." După aproximativ patruzeci și cinci de minute capacitatea lui de a discerne prezența divină s-a micșorat și atunci s-a ridicat. Era așa de bucuros de ceea ce tocmai se întâmplase și a decis să își sune un prieten, neștiind că noi încă ne aflam acolo cu el. Prietenul lui a răspuns și el a exclamat, " Hei, nu o să crezi ce s-a întâmplat. Mă închinam lui Isus și am văzut pentru prima dată UN ÎNGER!!! Da, purta o robă albă și îmi șoptea lucruri minunate despre Isus în ureche!!! Ok, a trebuit să spun cuiva. Te iubesc, ciao."

Râzând în sinea mea în timp ce îmi aminteam când am făcut și eu la fel, l-am privit pe Ezechiel cu bucurie. El mi-a răspuns gândului, "Nu am venit aici ca să fiu descoperit sau recunoscut, nu îmi pasă dacă oamenii cred că am fost eu sau un înger. Am văzut un loc în inima lui unde pot să depozitez ceva din ce posed așa că am venit să investesc în viața lui. Îl va face să se apropie mult de Tatăl. Misiune îndeplinită. Va înțelege totul când este timpul și i se va arăta atunci când va avea revelația Oamenilor în Alb. Iosafat a explicat de ce investim în viețile unor oameni, am vrut doar să vezi cum arată asta de cele mai multe ori. Până acum. Intrăm într-un sezon nou și lucrurile se vor schimba."

"Cum așa?" am spus.

"Mă bucur că ai întrebat. Urmează-mă." A răspuns.

Ezechiel a întins din nou mâinile și mi-a spus să-l țin de mâini. Am știut că vom merge într-un alt loc. Deși mai călătorisem în acest fel mai înainte, totuși nu eram obișnuit să merg pretutindeni așa. Eram obișnuit să merg sau să plutesc, să mă obișnuiesc cu peisajul, dar până acum această călătorie a fost orientată spre misiune, și părea mai important să culegem informație decât să ne bucurăm de împrejurimi. Ezechiel, auzindu-mi gândurile din nou, mi-a spus, "Ce nu e de plăcut în a fi capabil să te miști liber prin spațiu/timp?" Bănuind că răspunsul era "nimic" dar având suficientă experiență ca să răspund corect, am spus, "Tu poți să răspunzi mai bine decât mine. Învață-mă."

A zâmbit și mi-a spus, "Ia-mă de mâini."

L-am luat de mâini și ne-am aflat într-un loc diferit. Eram în altă sufragerie, în altă casă dar aici erau trei sau patru oameni. Cântau liber, cântece de laudă lui Dumnezeu fiind abandonați în acel moment. Gloria și prezența divină în care se aflau în acest timp era copleșitor de puternică. Era atât de puternică încât mă afecta și pe mine și eu veneam din afara timpului, vizitând ceva ce se întâmpla în acest 'moment' sau urma să se întâmple. Asta mi-a adus o nouă înțelegere a Gloriei și Prezenței divine. Traversează spațiul și timpul în 'clipa prezentă'. Zâmbind, Ezechiel mi-a spus, "Privește. Aceasta va fi una din căile în care Oamenii în Alb vor începe să investească în viețile voastre acum. Mergi și stai în cealaltă parte a camerei. Cei care sunt aici vor deveni împreună conștienți de prezența mea și voi începe să îi învăț ca un părinte. Dacă stai lângă mine, te vor vedea."

Când am pășit printre acei oameni să trec în cealaltă parte a camerei, nu puteam să nu zâmbesc. Gloria și prezența divină s-au înțețit din ce în ce mai mult cu trecerea timpului. Brusc una dintre femei a tras adânc aer în piept și a șoptit celorlalți, "Ezechiel stă în picioare acolo."

Ceilalți au răspuns în unison, "Știu."

Toți erau conștienți de prezența lui în același timp și toți l-au văzut clar stând în același loc în cameră. Ezechiel li s-a adresat spunând, "Bună. Eu sunt Ezechiel. Voi sunteți premergătorii unei mișcări care va începe să se întâmple în mod extins în Trupul lui Hristos. Mă aflu aici ca să vă învăț. În timp ce continuăm e nevoia ca voi să vă concentrați dorința asupra Tatălui și să vă păstrați focusul asupra mea cât suntem împreună. În acest proces neatenția unuia va afecta întregul grup deoarece trebuie să ne mișcăm împreună. Dorința de a fi una cu El e cea mai înaltă dorință și este motivul pentru care sunteți invitați în ce va urma să se întâmple. Continuați să cultivați dorința de a deveni una cu El și ceea ce veți învăța, va schimba totul. Vor fi momente când eu sau alții vor apărea în fața voastră și scopul este de a putea merge în Cer și de a învăța acolo împreună. Consecvența va face lucrurile din ce in ce mai ușoare și depinde de voi când se va întâmpla. Acesta este doar începutul."

A privi acest eveniment ce părea a fi o imaginație unită a întregului grup, era fascinant. Era un grup de oameni care, după cum spunea Ezechiel, și-au stabilit dorința în a fi în uniune cu Tatăl și de aceea erau invitați să participe la unul din lucrurile pe care urma să le facă pe pământ. Urmau să meargă împreună cu un Om în Alb în Cer, să exploreze mistere, văzând aceleași lucruri în același timp – și acesta era doar începutul. Ezechiel a încheiat întâlnirea cu acel grup și a dispărut din văzul lor. Adresându-se mie, mi-a spus, "Acest grup este doar o mică parte din cei cărora li se vor întâmpla astfel de lucruri. Fiecărui grup i se va descoperi ce va fi util în împlinirea destinului lor. Vei auzi despre astfel de întâlniri peste tot globul și acesta va fi doar începutul. Ce va urma apoi, ai văzut deja în mică parte."

Zâmbind, l-am întrebat pe Ezechiel dacă pot să petrec câteva clipe pentru a procesa tot ce tocmai s-a întâmplat. Înainte de a răspunde, am început să râd dându-mi seama că puteam fi conștient că mă aflam în afara timpului totuși aveam un sistem mental guvernat de timp. A aprobat din priviri comunicându-mi că am tot timpul necesar, nefiindu-mi prea clar ce însemna asta în afara timpului. Luându-mi atenția de la Ezechiel și grup, m-am concentrat pe dorința de a fi în Tatăl. Într-un moment am fost scufundat în aceeași iubire și extaz care m-au copleșit de atâtea ori până acum. Răpit, am început să pătrund dimensiuni ale IUBIRII care pot duce într-un singur loc. La El.

În prezența lui era complet și năruit. Ruinat de iubire, amintindu-mi ultima noastră întâlnire, tot ce îmi doream era să mă uit la fața Lui. Leu, bivol, vultur, om. Schimbându-se fără efort, cu multă grație, totuși cu puterea care a creat eternitatea, înfășurat în iubire și emanând putere nelimitată, El m-a privit zâmbind ca și când aș fi fost singurul care conta. Înainte de a vorbi, i-am spus, "Am vrut să îți mulțumesc pentru ce îmi arăți și vreau doar să te privesc acum dacă se poate."

Sursa absolută a bucuriei, Tatăl, a fost copleșit de cererea mea ațintindu-și privirea în flacăra mea. M-am pierdut în fața Lui fiind distrus de un extaz inexplicabil. Este dificil să măsori timpul când te afli în afara timpului dar, după ce părea să fi trecut zile, pierdut privindu-i chipul, am început să mă simt atras în El. În timp ce eram atras în El, L-am auzit spunând, " Eu sunt El Shaddai, Dumnezeu atotputernic."

Mi-ar trebui o eternitate dacă aș încerca să descriu misterele și minunile pe care le-am văzut, ce urma să fie lansat pe pământ din Cer. Pasajul din Ioan unde el spune că ceea ce a făcut Isus nu poate fi cuprins în toate cărțile, avea sens. Era timpul ca eu să mă concentrez pe ceva anume. Era greu pentru că eram copleșit de faptul că, acum nu numai că eram condus de dorință dar eram învăluit în EL și mă mișcam în EL. Privind în EL astfel, a fost cel mai minunat lucru care mi s-a întâmplat. Concentrându-mă asupra cuvintelor Lui, , " Eu sunt El Shaddai, Dumnezeu atotputernic", părți din cine este El și ce dorește EL pentru noi, au început să fie descoperite.

Când dorințele Lui au început să îmi intre în focus, m-am aflat șezând pe vârful unui munte, privind prin spațiu și timp la viețile unor oameni. Viețile lor îmi erau la fel de clare ca mâna pe care o priveam din față. Tatăl îi învăța pe mulți despre mâncare și despre a fi dependent de El pentru a obține mâncare. Ce m-a surprins a fost faptul că, El nu furniza mâncarea, El era mâncarea. Îi învăța să se odihnească dar nu cum am bănui noi, prin somn. De fapt îi învăța că nu au nevoie de somn. Tatăl nu îi învăța pe oameni cum să obțină lucruri într-un fel normal, natural, El îi învăța cu să trăiască din inima lor și cum să fie complet dependenți de EL. Era vorba de comuniune. În El nu era necesar să respirăm aer și nu avem nevoie de adăpost. În El timpul nu avea nici o semnificație și nevoia de afirmare era total satisfăcută. El era modul de a face față la toate. El era cel care îi valida. El era cel care îi binecuvânta. El era sursa a tot ce cunoșteau. El le era motivația. El le era acțiunea și protecția. De asemenea, pentru acești oameni, El nu era doar un concept spiritual, era realitatea lor pe Pământ și în Cer. Acum.

Copleșit de prezența Lui, de bunătatea Lui și de relația cu El, tot ce puteam face e să plâng. A fi găsit în El, începea să fie redefinit în viața mea. Ore după ore am fost învăluit într-o uimire paralizantă amestecată cu bucurie și plâns. Definiția mea a ceea ce era posibil și definiția mea a ceea ce însemna realitatea, au fost distruse într-o fracțiune de secundă. Nu mi-am imaginat niciodată că a te simți atât de mic poate fi atât de eliberator. Ruinat, am simțit că îmi doresc să ies din această întâlnire pentru a realiza unde mă aflam. Ieșind din această întâlnire și intrând din nou în trup am gustat pacea, gloria și nemișcarea camerei mele. Era timpul răsăritului așa că m-am dus la bucătărie să îmi fac o cafea în presa franceză. Îmi place foarte mult cafeaua artizanală, proaspăt prăjită, de dimineață. În timp ce îmi făceam cafeaua, am simțit în spatele meu pătrunzând în casă, o prezență divină și mai puternică. Am știut că acea întâlnire nu se terminase dar doream cafeaua așa că am făcut două cești. Una pentru mine și una pentru persoana sau ființa care tocmai intrase în cameră. Nu eram sigur dacă Oamenilor în Alb sau ființelor angelice le place cafeaua dar m-am gândit să fiu politicos și să întreb. Când cafeaua a fost gata am turnat două cești, m-am întors în camera mea și am luat loc pe canapea lângă Isus. Venise în dimensiunea 'mea'.

După o lungă discuție despre subiecte personale, m-a privit, a zâmbit și mi-a spus, "Fi atent aici."

Isus și-a îndreptat degetul arătător spre tavan și tavanul s-a transformat în foc. Și-a mișcat mâna în forma unui pătrat mare în jurul tavanului și dintr-o dată din tavan au apărut treptele unei scări al cărei capăt nu îl vedeam. O ființă angelică mare și albastră a coborât pe scară fiind urmată de cam douăzeci de îngeri mai mici. În timp ce umpleau încăperea, am început să capăt puțină înțelegere despre cine erau. Îngerul mai mare era profesorul și cei mai mici erau elevii. Aceasta era prima lor vizită și veniseră să învețe despre oamenii cu care urmau să colaboreze. Profesorul era un veteran matur și avusese multe misiuni de-a lungul vremilor dar acești Îngeri care erau cu profesorul, nu au vorbit și nu au interacționat niciodată cu un om. Au învățat despre oameni doar 'în clasă'. Profesorul m-a privit și a întrebat, "Le permiți să îți pună câteva întrebări?"

Emoționat, le-am răspuns cu plăcere. Primul înger mic ('Numărul Unu') m-a privit și a întrebat, "Ce este electricitatea?"

Din tot ce m-ar fi putut întreba, m-am bucurat că Numărul Unu mi-a pus o întrebare așa de simplă. Crezând că am o idee excelentă, m-am uitat la o lampă de lângă mine și am spus, "Vezi becul și lumina emanată de el?"

Numărul Unu s-a uitat la mine curios și a spus, "Nu, nu o văd."

Am încremenit. Zâmbind i-am spus, "Păi atunci nu pot să te ajut și sunt multe lucruri pe care trebuie eu să le învăț de la tine."

Am întrebat dacă mai are cineva vreo întrebare. Un alt înger mic ('Numărul Doi') m-a privit, a zâmbit și arătând spre sucul rămas pe masă din seara trecută, m-a întrebat, "De ce bei otravă?"

"Îți apreciez franchețea", am răspuns. "Probabil că îmi place otrava."

Isus, care era încă pe canapea lângă mine, chicotea și Numărul Doi a părut mulțumit de răspuns. Era cel mai sincer răspuns pe care-l puteam da și acest răspuns a părut a 'sparge gheața' în cameră, cel puțin pentru mine. Un al treilea înger mic ('Numărul Trei') a început să vorbească, "De ce le place oamenilor să pescuiască?"

Îmi place mult să pescuiesc dar voiam să încerc să răspund într-un fel în care credeam că vor înțelege. Era șansa mea să dau un răspuns inteligibil după cel despre electricitate. Așa că am răspuns, "Pentru ai mânca."

Numărul Trei m-a privit într-un mod ciudat. Nu înțelegea ce este mâncarea! Când eram gata să încep să elaborez, profesorul ne-a întrerupt, "Cred că pot explica eu. Cei care pescuiesc pentru a mânca și în general cei care mănâncă, încă nu au învățat să trăiască și să se hrănească din lumina și prezența Tatălui. Sunt câțiva care au ales această cale acum și mai mulți vor urma."

Am apucat cuvintele profesorului și le-am absorbit ca și când ar fi venit de la însuși Tatăl. Faptul că profesorul folosise cuvântul 'încă' era plin de speranță. Dacă era posibil să facem asta cu mâncarea atunci trebuia să fie posibil și pentru restul lucrurilor pe care tocmai le văzusem. Acest proces părea unul dificil de învățat dar iubirea și intimitatea cu Dumnezeu necesare pentru a începe să intri în acest teritoriu, sigur meritau efortul. Era atât de încurajator să fiu cu Isus și să văd că dependența completă de Tatăl, fără nevoia de mâncare fizică, somn și altele, erau nu numai pentru câțiva ci și pentru mine. Captivat de iubire și venerație am început să mă închin Tatălui din nou (dorința mea nu se schimbase) mi-am reconcentrat atenția înapoi unde rămăsesem cu Ezechiel. Într-o clipă m-am aflat înapoi în prezența lui.

Zâmbindu-mi, Ezechiel mi-a spus, "Foarte bine, acum vin-o cu mine!"

Pășind spre el în credință, ne-am aflat imediat deasupra unui oraș pe care îl iubesc. În acest moment, privind orașul era o experiență cu totul nouă. Puteam vedea orașul dar putea vedea și mandatul destinului divin deasupra orașului, cine din oraș ajuta la împlinirea destinului și cum investiția Oamenilor în Alb va afecta și ajuta la manifestarea planului divin pentru oraș. Ezechiel mi-a spus, "Vreau să îți arăt o perspectivă a ceea ce înseamnă să investești într-un oraș."

La distanță am văzut un alt Om în Alb pășind ușor spre noi. Era Moise. Când s-a apropiat, a zâmbit și a spus, " Avem mai multe de discutat mai târziu dar acum privește cum investesc Credință în acest oraș."

Moise a scos din sine însuși ceva ce părea a fi o sferă de lumină și substanță. Privind-o intens, a eliberat-o intenționat în atmosfera orașului. Moise mi-a explicat, "Când investim într-un oraș, este pentru că am găsit un loc de aterizare pentru ce avem noi de investit. Acest loc de aterizare este format din inimile oamenilor pregătiți să primească ce avem noi de dat. Fie ei câțiva sau mulți, întregul oraș va beneficia de investiția noastră. Toți oamenii fie ei credincioși sau nu, vor avea acces la beneficiile acestei Credințe care va ateriza în inimile celor pregătiți și chiar dacă nu va ateriza în inimile lor, vor culege beneficiile. Pentru mulți Fii aceasta va arăta ca ei fiind atrași într-un loc mai adânc de Iubire și Credință, folosindu-și nivelul actual de înțelegere ca pe o ancoră care îi va aduce din biserica instituțională în Împărăția lui Dumnezeu. Pentru alții, ei vor merge mai adânc și mai sus în locuri pe care nu și le-au imaginat, pentru că mințile lor sunt destul de libere să accepte o realitate pe care nu au considerat-o în prealabil. Pentru alții efectul va fi sub forma curajului de a merge mai departe într-o afacere sau investiție. Scopul acestei Credințe care a fost investită în oraș, este prea larg pentru a fi discutat așa. Trebuie să îl vezi și să îl înțelegi dintr-un loc mai înalt, pe care limba umană limitată nu îl poate articula."

Cu multă gratitudine, am spus, "Bine."

În clipa în care am spus 'bine', o rază de lumină care arăta ca și sfera de lumină pe care o scosese Moise din el însuși, a țâșnit din el și m-a lovit în piept. Am fost uimit. Când mi-a atins pieptul, am început imediat să primesc înțelegere, sentimente, frecvențe, vibrații, gânduri, intenții, diagrame, grafice și tot ce implică investirea într-un oraș. Moise a spus, "Așa funcționează comunicația și va fi felul în care noi doi vom comunica de acum încolo."

Emoționat și intrigat, l-am întrebat, " Cum pot forma o sferă ca a ta și cum o arunc spre tine?

Zâmbind Moise mi-a răspuns, "În Cer, toate formele de comunicare pe care ți le poți imagina, și câteva pe care nu ți le poți imagina, încep cu IUBIREA. Iubirea este izvorul care când începe să se manifeste, creează lumină pură. Este în natura unei ființe creatoare de a produce lumină și apoi de a o modela în forme perfecte și complete prin Dorință. Apoi Lumina este trimisă prin Intenție. Odată ce este receptată de cealaltă persoană, frecvența și vibrațiile iubirii din ei rezonează cu Lumina formată perfect, despachetând Dorința și apoi ei, prin intenție, acționează în concordanță cu ceea ce au primit. Iubirea, Lumina, Dorința și Intenția reprezintă quartetul comunicării în Cer."

Am fost copleșit de bucurie și revelație. După ce i-am mulțumit, Moise a dispărut. M- am întors spre Ezechiel, zâmbea. Chiar și zâmbetul lui emana putere. A fi în apropierea lui era ca și când ți-ai băga degetul într-un arc electric. Îmi era imposibil să nu tremur. Intensitatea și magnitudinea Prezenței lui Dumnezeu și Revelației erau atât de puternice încât îmi era greu să rămân în acea întâlnire. Trebuia să continui să rămân destul de conștient deși aveam o dorință puternică să ies ca să 'mă adun'. M-am uitat la Ezechiel, a zâmbit și mi-a spus, "Acum vreau să îl întâlnești pe Iacov."

Intrigat de ceea ce urma, m-am afundat și odihnit în prezența divină. Pe măsură ce mă afundam din ce în ce mai adânc, am început să aud un sunet abia perceptibil ce venea din spate. Apoi a început să devină din ce în ce mai puternic. Era imnul Aleluia. Dându-mi seama ca acel loc nu era parte din lecția mea despre investiția oamenilor în alb în generațiile viitoare, m-am retras, am ieșit din acea experiență divină și am realizat că îmi sună telefonul. Pe ecran era scris, "Sună Mama". Am râs și am vorbit cu ea o vreme, bucurându-mă de o pauză dar în același timp abia așteptând să mă reconectez.

CAPITOLUL 3

"IACOV"

PATERNITATEA DIN CER

Respirând adânc, m-am conectat din nou și am apărut pe acea plajă. Odihnindu-mă în noua întâlnire, mi-am ținut respirația pentru câteva secunde apoi expirând am exclamat, "Îți mulțumesc Tată!"

Imediat am simțit ca și cum Bucuria ar fi venit și s-ar fi așezat deasupra mea. Ceea ce a început ca un ușor chicotit s-a transformat într-un incontrolabil râs din plin. Oh, iubirea Tatălui e imensă! Am fot inundat de Speranță inexplicabilă iar porțile mele interioare au fost larg deschise de Lumină. Acoperit de iubirea Tatălui, mă simțeam învăluit ca într-o plapumă caldă pe dinăuntru. Mulțumit să fiu în acest loc pentru totdeauna, am început să cânt numele lui Dumnezeu – " El Shaddai, EL Elohim, Yod Hey Vav Hey" sunetele începuseră să curgă cu adorație din adâncul ființei mele. Învăluit în Bucurie, cântând și iubind, am râs în sinea mea. În Cer, închinarea mea sună mult mai bine. Continuând să cânt, am auzit o altă voce bărbătească alăturându-se. Am deschis un ochi să văd și Iacov stătea alături de mine pe plajă. Am închis ochii din nou și am continuat să cântăm mult timp.

Cântatul s-a terminat dar Bucuria a rămas. Privindu-l pe Iacov cu anticipație, l-am întrebat ce urmează. Zâmbind Iacov a spus, "Vreau să te învăț începuturile a ceea ce înseamnă să fi părinte spiritual și să ghidezi pe cineva din Cer precum și câteva chei necesare în acest proces. Ești liber să mă întrebi ce vrei. Dacă nu îi ghidezi pe oameni spre Dumnezeu, îi ghidezi spre tine, și aceste chei trebuie să devină parte din tine înainte de a vorbi altora despre ele."

Contemplând și reflectând asupra acestor lucruri, l-am rugat să continue. El a spus, " Prima Cheie despre care vreau să vorbim în legătură cu ghidarea și a fi părinte spiritual din Cer, este 'dependența de Dumnezeu'. Fiii de pe Pământ încă intră timid pe teritoriul acestei revelații, dar dacă ești matur, trebuie să înveți completa dependență de Dumnezeu. El este răspunsul la toate întrebările. El este sursa a tot ce e viu. Hai să ne uităm la resurse. Când realizăm și știm cu bucurie că toate resursele cerești sunt disponibile pentru tine și pentru ce e scris în mandatul destinului tău, lucru cu implicații profunde, va anihila orice urmă de îndoială și orice urmă a unei mentalități sărace. În același timp, dependența de Dumnezeu ca și cheie de a fi părinte din Cer al oamenilor, nu se referă la eliminarea lucrurilor negative ci se referă mai mult la al urma pe EL. Așa că, în loc de a încerca să eliminăm lucrurile negative, ca de exemplu îndoiala și sărăcia din viața ta, urmează-L pe el prima dată ca sursă pentru toate resursele tale, făcând asta, realizarea și cunoașterea descrisă mai sus îți va fi deschisă."

"El este sursa vieții. Pentru orice situație pe care o întâlnești pe Pământ, există o realitate cerească disponibilă pentru schimb. Pătrunzând acea realitate pentru tine și înțelegând-o în inima ta, te va duce la o completă dependență de El. Spun intenționat că sunt incluse toate situațiile. Tu vezi situații pozitive și negative pentru că în tine încă există un sistem care rezonează și iubește Pomul Cunoașterii Binelui și Răului. Când acest sistem este eliminat, vei putea vedea doar bunătatea Lui, și, când vei începe să îi vezi bunătatea în fiecare situație, realitatea cerească va începe să se manifeste în lumea ta fizică. Bunătatea Tatălui nostru este parte din natura Lui și devenind dependenți de natura Lui este începutul umblării în a tot ce a fost rostit despre tine dinaintea facerii lumii – pentru că transferi ceva ce poate fi învățat doar în Cer, DIN Cer ÎN viața ta."

"A doua cheie despre care vreau să îți vorbesc este 'Accesul'. Dacă vei învăța lucruri în Cer trebuie să înveți nivelul la care ai acces. Majoritatea oamenilor nu cercetează lucruri fără permisiunea dată lor de altcineva (pe pământ). E tragic dar adevărat. Pe măsură ce continui să crești și să le arăți altora calea, cea mai importantă realizare pe care ar trebui să o aibă, dincolo de completa dependență de Dumnezeu, este accesul care le-a fost acordat și pe care continuă să îl aibă prin Isus Hristos, Ușa. Accesul pe care poți să îl descrii poate fi doar ceea ce ai realizat dar va continua să crească pentru totdeauna."

" A treia cheie despre care vreau să îți vorbesc este 'Practica'. Sunt câteva metode care funcționează bine atunci când îi învățăm pe alții. Pe măsură ce înveți și ghidezi oamenii din poziția ta cerească este important să pășești dincolo de văl tu însuți. Nu ar trebui să îi ghidezi pe alții până când nu ai destulă experiență, pentru că ești responsabil de acțiunile lor dacă tu ești cel care i-a ghidat."

"Prima situație este când vorbești din propria ta revelație. De fapt vorbești dintr-un loc specific din Cer. Este important pentru tine să poți vedea dincolo de văl, pentru ca atunci când vine timpul să îi ghidezi pe alții, poți să îi conduci spre același loc în Cer, unde ai primit și tu revelația. În acel loc, revelația poate fi asimilată direct de oamenii care aud, pentru că dependența și accesul lor este în Dumnezeu. Pot să vadă pentru ei înșiși."

" A doua situație în care practica (exercițiul) funcționează foarte bine, este atunci când apare o problemă aparent imposibil de rezolvat. Dacă există vreo problemă ar trebui să îi ghidezi pe oameni în Cer pentru a primi răspunsul, învățând asta devin din ce în ce mai mult ca și Tatăl. Răspunsul îți poate părea de bun simț ție dar este mult mai mult. Nu fi legalist; dacă ai primit revelație în legătură cu soluția acelei situații imposibile, comunic-o – dar ghidându-i pe oameni în Cer, luându-i cu tine pentru a primi direct răspuns e mult mai bine pentru ei. Fundația fiecărui răspuns dat trebuie să provină din Cer, fie ghidând oamenii în Cer sau comunicând ceva ce ai primit pentru ei din același loc. Tatăl preferă ca tu să ai realitatea Cerului în loc de ce pare evident. Un răspuns comun sau ceresc, e alegerea ta!"

Zâmbind, l-am întrebat pe Iacov, " Dacă practica este o Cheie, mă duci te rog într-un loc sau în câteva locuri care mă vor ajuta pe mine și pe alții în călătoria noastră?"

Râzând Iacov mi-a răspuns, " Știam ce mă vei ruga și deja aveam în gând un loc în care să te duc. Ceea ce ar trebui să înțelegi este că Cerul și felul în care tu îl percepi, este multidimensional. Așa că, cineva poate sta lângă tine, văzând aceleași lucruri dar le va descrie complet diferit. În principiu descrieți același lucru dar de exemplu dacă tu și un prieten v-ați uita la cer de la casa voastră, a-ți descrie diferite aspecte ale aceleiași realități. Asta nu înseamnă că realitatea ta e mai reală decât a prietenului tău dar percepeți calități și aspecte diferite ale aceleiași realități și le descrieți așa cum le trăiți. La fel este și în Cer, deci nu fi derutat de faptul că trăirile și percepțiile tale pot fi diferite de cele trăite de alții. Bucură-te și învață din toate perspectivele."

I-am mulțumit lui Iacov pentru explicație. Felul în care a descris fenomenul era foarte limpede pentru mine. Eram derutat în trecut și nu înțelegeam de ce doi oameni în care am mare încredere, descriau complet diferit același lucru. Mă întrebam cine are dreptate, acum realizez că amândoi aveau dreptate. Percepându-mi gândurile, Iacov a elaborat, " Cerul este o realitate concretă, diferitele explicații ale aceleiași realități înrădăcinate în diferite dimensiuni vor releva foarte rar ceva concret. În principiu vor fi concrete dar pentru că în acest moment al procesului de maturizare aceste realități sunt filtrate prin experiențele tale din trecut și limitate de limbajul uman, este important să te conectezi și să experimentezi tu personal Cerul."

Luminat de tot ce spunea, l-am rugat pe Iacov să continue. A spus, "Ești gata să facem un exercițiu?"

Mă simțeam ca un copil mic în dimineața de Crăciun și am exclamat, "Desigur!"

În timp ce priveam prin portalul deschis, peisajul spre care pășeam s-a schimbat. Poarta încă scotea un zumzet și vibra cu iubire, dar acum din ea ieșea o lumină strălucitoare. Când m-am ridicat și am pășit spre poartă am început să simt anumite schimbări în trupul meu. Pe măsură ce mă apropiam frecvența vibrațiilor din mine și din jurul meu s-a schimbat, devenind IUBIRE. Simpla înțelegere a expresiei 'devenim ceea ce privim' acum avea o aplicație practică. Chiar simplul fapt de a decide să merg spre această poartă mă făcea să devin ceea ce întâlneam. O poartă vibrând pe frecvența iubirii.

Pășind prin poartă cu Iacov, am ajuns instantaneu într-un loc diferit. Ne aflam într-o încăpere făcută din substanța credinței. Din tavan până la podele era aceiași substanță. Puteam păși pe podea ca pe o podea de ciment dar dacă atingeam pereții, erau lipicioși și transparenți. Privind podeaua în fața noastră, arăta la fel de transparentă și lipicioasă până în momentul când pășeam înainte, atunci devenea solidă. Chiar înainte de a păși, structura atomica a podelei se schimba și devenea ceea ce te așteptai să fie. O podea solidă. Privind în sus, Iacov a zâmbit și a spus, "Din acest loc, prin substanța credinței, poți vedea perspectiva Tatălui în fiecare situație sau circumstanță pe care o întâlnești pe Pământ. Haide, încearcă."

Dorind mult să încerc, am început să privesc o anumită situație de la servici. Privind această situație prin substanța credinței din Cer, era o experiență ne mai întâlnită până acum. Puteam vedea începutul și sfârșitul acelei situații, cât și consecințele și opiniile care urmau. Surprins, l-am întrebat pe Iacov, "Am crezut că din acest loc voi putea vedea voia Tatălui?"

Iacov mi-a răspuns, "Vei putea vedea începutul şi sfârşitul unei situaţii, întreaga desfăşurare. Dar abilitatea ta de a vedea dorinţa Tatălui în acea situaţie e legată de gradul de apropiere a ta de El, de intimitatea relaţiei cu Dumnezeu. Ai abordat situaţia din acest loc cu gândul de a decide ce vei face, nu cu intenţia de a iubi prin inima Tatălui şi de a guverna bine. Tot timpul poţi vedea finalul unei situaţii din acest loc dar a vedea Dorinţa şi inima Tatălui necesită apropierea de El. Priveşte din nou situaţia cu intenţia de a iubi şi a onora şi vei vedea cum se schimbă situaţia."

Am făcut aşa cum mi-a spus şi situaţia s-a schimbat dramatic de la început până la sfârşit. M-am uitat zăpăcit la Iacov. El a continuat, "Orişice vezi din acest loc va fi din perspectiva Tatălui pentru că vei vedea începutul de la sfârşit şi sfârşitul de la început al unei situaţii. Celălalt factor este faptul că Tatăl îţi vede inima. Situaţia va începe şi se va sfârşi exact cum ai văzut-o dacă nu îţi vei schimba inima. Acest loc nu este doar pentru a primi răspunsuri, este pentru ca inima ta să guverneze bine prin iubire. Iubirea merge dincolo de un dar spiritual legat de Pământ, pătrunde în dimensiuni ale intimităţii cu Tatăl în Cer, explorate doar de cei care îşi doresc asta."

"Ce anume îşi doresc?"

Ferm şi hotărât mi-a răspuns, "Să biruiască."

Cuvintele lui Iacov erau atât de puternice, în clipa în care au fost rostite mi-au atins un loc în inimă care nu mai fusese accesat înainte şi literalmente m-au ridicat de pe picioare şi m-au aruncat înapoi prin poartă, pe plajă. A fost o clipă violentă dar și blândă. Am aterizat ușor pe plajă, simțind o nouă parte a inimii mele, închinându-mă. Eram mulțumit să cedez. Fără nici o altă dorință în afară de a mă închina, am stat întins venerând luni de zile, răpit în extaz.

CAPITOLUL 4

"PURITATEA"

ABORDAREA ADN-ULUI

Privind de pe plajă peste Oceanele Eternității, văzând din nou armata Domnului de pe Pământ, am constatat schimbări. Armata era mai înțeleaptă și mai bine echipată pentru bătălie, dar era nevoie ca ceva să se schimbe în adâncime. Nu știam ce anume dar mă bazam pe bunătatea Domnului. Treptat, am simțit un zâmbet care se apropia de mine, devenind puternic. Era Isus. Felul în care mergea era plin de grație. Nu se grăbea niciodată dar tot timpul avea un scop. Până și pașii lui erau bine gândiți. Ajungând lângă mine, s-a așezat și a tras adânc aer în piept. Era mulțumit să privească Pământul. "Ce vezi când privești Pământul?" L-am întrebat.

Zâmbind din nou, a spus, "Văd pământ dar uneori văd aur. Depinde din ce perspectivă privesc."

Eram sigur că afirmația Lui era foarte profundă, dar îmi zâmbea făcându-mă să mă simt ca un copil mult iubit așa că nu am mai insistat cu amănunte. În schimb am așteptat ca el să îmi vorbească din nou. După un timp, a spus, "Vreau să te prezint cuiva. L-a ajutat pe Noe în timpul zilelor lui și va juca un rol imens pe Pământ și în armata pe care o priveai. Numele ei este Puritate."

Instantaneu, ea a apărut înaintea noastră. M-a surprins, L-am privit pe Isus și am spus, "Ai creat-o chiar acum din cuvintele Tale sau ea a fost aici tot timpul?"

Zâmbind mi-a spus, "Amândouă. Voi doi aveți multe de discutat, vă las acum. Te iubesc!"

A dispărut și am rămas cu Puritatea. Era angelică și uluitor de frumoasă, întruparea absolută a purității. Înainte de a îmi vorbi, am spus, "Poți să îmi arăți ce înseamnă a birui?"

Mi-a răspuns cu o blândețe și o grație care nu pot fi exprimate în cuvinte, "De aceea mă aflu aici. Poți să îi asculți pe alții vorbind despre biruință cât vrei, dar până când nu va deveni experiența ta, nu vei avea nici un beneficiu. Unii vor primi premii pentru că vor aduce revelație pe Pământ și o vor dărui trupului lui Hristos, biserica, dar nu vor avea nici un beneficiu personal până când nu vor trăi acea revelație ca să fie schimbați."

"Te rog continuă," am spus.

Ea a continuat, "Bine, prima dată voi vorbi cu tine despre ce înseamnă să biruiești, apoi îți voi arăta cum arată și cum să o faci."

Emoționat și pregătit, am spus, "Bun plan!"

Puritatea a zâmbit, " Ai citit în Apocalipsa unde este făcută acea afirmație 'Celui care biruiește'. Există multă confuzie printre credincioși referitor la ce înseamnă această afirmație. Hai să începem cu ceea ce nu însemnă. A birui la nivelul descris nu are nici o legătură cu adversitățile. Sunt multe lucruri minunate care se vor întâmpla când vei birui adversitățile? Da, bineînțeles! Dar biruința descrisă în acele pasaje nu are nimic cu adversitatea. A birui la acest nivel nu are nici o legătură cu a păstra confesiunea Credinței de-a lungul vieții – însemnând să te ții de ceea ce spui că ai crezut și să nu spui nimic contradictoriu. Aceasta e rezervată Bisericii care rămâne pe Pământ, nu Bisericii care și-a luat locul în Cer. De asemenea nu are nici o legătură cu folosirea corectă a darurilor spirituale. La fel acestea sunt rezervate pentru Biserica de pe Pământ. De fapt nu are nici o legătură cu faptele tale. Din nou, legate de Biserica care rămâne pe Pământ."

Mi-am observat viața interioară și am văzut părți ale inimii care credeam că nu au nimic de a face cu tot ce a spus Puritatea. Privind-o stăruitor, am întrebat, "Dar atunci ce înseamnă biruința?"

Puritatea m-a privit atât de adânc în ochi încât am simțit ca și când ar fi văzut prin mine dar în același timp îmbrățișându-mi toată ființa. Cu iubire în glas, mi-a spus, "Înseamnă că trebuie să teci dincolo de întregul genom uman. ADN-ul tău trebuie schimbat, transformat."

"Ce înseamnă asta?" am întrebat.

Puritatea mi-a răspuns, " Înseamnă că fiecare parte a ADN-ului tău care este încă înrădăcinat în Pomul Cunoașterii Binelui și Răului trebuie răscumpărată. Asta înseamnă că totul, de la pacturi cu demoni sau stele făcute de strămoșii tăi, evenimente traumatizante prin care au trecut bunicii tăi, până la nevoia de a respira oxigen, limba pe care o vorbești, toate sunt codate în ADN-ul tău și Tatăl dorește să îl repare și să îl schimbe până va arta ca ADN-ul Lui. Dacă ceva sau cineva are acces la ADN-ul tău, au ceva ÎN tine. Dacă au ceva ÎN tine, te pot controla și tu nu te poți controla. De aceea Isus a spus, " Nu voi mai vorbi mult cu voi; căci vine stăpânitorul lumii acesteia. El n-are nimic ÎN Mine" (Ioan 14:30). Acesta este doar începutul, ÎNTREGUL tău genom uman trebuie schimbat – asta înseamnă să biruiești."

Privind Puritatea am observat cum expresia ei s-a schimbat de la a fi iubitoare și explica la a fi iubitoare și instrui. A spus, "Acum vreau să încep să îți explic și să îți arăt cum se schimbă ADN-ul tău. Începe cu împărtășania (comuniunea). Este important ca atunci când iei împărtășania pentru tine, să accesezi în mod activ această parte a vălului, în spirit. Când iei împărtășanie schimbi efectiv realitatea genomului tău uman, trupul tău, sângele tău, apa ta, totul legat de existența ta umană, pentru realitatea răscumpărată și făcută accesibilă prin învierea lui Isus Hristos."

Uimit, am spus, "Poți să îmi arăți efectiv cum se schimb ADN-ul?"

"Da," mi-a răspuns. "Urmează-mă."

M-am ridicat alături de Puritate și ne-am îndreptat spre poartă. Fiind cu ea era ca și cum mi s-ar fi smuls de pe ochi multe văluri. Am observat că poarta se afla la limita dintre nisip și apă, chiar și nisipul părea dătător de viață. Privind în sus, galaxiile inspirau venerație. Vastitatea Cerurilor era suficientă pentru a te pierde în venerație și minunăție. Înainte de a păși prin poartă, am petrecut câteva clipe mulțumindu-i Domnului pentru bunătatea Lui față de mine. Era cu adevărat ceva ce mă ducea la smerenie. Pășind prin poartă, am observat că erau multe lucruri de văzut între momentul intrării și ieșirii la o nouă destinație. Am râs în sinea mea gândindu-mă că eternitatea poate exista între gânduri, căci călătoream cu viteza gândului. Spre surprinderea mea, când am ajuns de partea cealaltă, acolo ne aștepta Isus. Bucuria a rămas și s-a multiplicat când l-am văzut pe Cel pe care ÎL iubesc. Eram atât de emoționat să ÎL privesc în ochi din nou. Fără să îi cer voia, L-am îmbrățișat. A meritat.

După o lungă îmbrățișare m-am retras și L-am onorat cu postura și atenția mea. Concentrându-mă cu toată atenția asupra Lui, am ascultat în timp ce vorbea, "Bună Joseph, ce bine îmi pare să ne vedem. Mă bucur întotdeauna! Îți mulțumesc că ai venit. Vreau să îți arăt propriul tău ADN și Puritatea te va duce îl el. Ea urmează să împlinească unele lucruri foarte importante. Ea a fost cu Noe și a fost parte din motivul pentru care s-a spus despre el că era "un om neprihănit si fără pată între cei din vremea lui". Ea l-a ajutat în purificarea ADN-ului. Ea va asista trupul, biserica să realizeze și împlinească ce am spus în Matei 5:8, 'Ferice de cei cu inima curată, căci ei vor vedea pe Dumnezeu!' Puritatea inimii este direct legată de ADN-ul tău."

Întinzând mâna, Isus a scos o secvență de ADN din mine și a

îndreptat-o pentru că era 'normal' buclată. Zâmbind spre Puritate, a spus, "E rândul tau."

Puritatea m-a luat de mână și ne-am aflat instantaneu în interiorul ADN-ului meu, analizându-l de aproape. Ceea ce observam este greu de descris. ADN-ul meu vibra multidimensional. Părți diferite ale ADN-ului aveau vibrații diferite chiar și frecvențe diferite. Erau părți ale ADN-ului meu care vibrau și emiteau frecvențe care se aflau într-un loc mai adânc și mai înalt decât alte părți ale ADN-ului și în timp ce existau în același spațiu, anumite părți ale ADN-ului funcționau mai bine decât altele. Unele părți ale ADN-ului meu păreau să fie 'restaurate' în timp ce altele păreau să aibă defecte. Cuiburi de pete negre și alte deformări se aflau deasupra și chiar în interiorul ADN-ului meu. Evident petele negre reprezentau ariile nereparate. Am decis să aleg una din ele. În timp ce o priveam intens am început să fiu inundat cu înțelegere. Această pată pe care am ales-o, reprezenta 'frica de eșec' și în interiorul petei negre se aflau straturi care reprezentau generații. În această pată puteam vedea cinci straturi, ceea ce însemna că acum cinci generații, această vibrație specifică a pătruns pe linie generațională în sângele meu, printr-un anume eveniment și în fiecare strat a existat cineva din acea generație care a tolerat și manifestat acest caracter negativ creat în ADN-ul nostru. De asemenea în fiecare strat, exista o memorie specifică atașată acelei vibrații unde persoana a avut de ales între a distruge acea pată sau a o manifesta sau transmite mai departe generațiilor următoare. Cu fiecare generație, vibrația a devenit din ce în ce mai puternică.

Privind spre Puritate, am spus, "Hai să distrugem pata asta."

Zâmbind, mi-a răspuns, "Bucuria mea este să ajut."

Când a rostit cuvântul Bucuria, am fost din nou lovit de glorie. Bucuria a rămas cu noi. Puritatea a elaborat, "Când începi să accesezi Cerul pentru a-ți repara ADN-ul, trebuie să îți amintești ceva. Primul lucru pe care trebuie să ți-l amintești este că indiferent câtă experiență ai, vei intra tot timpul ca un copil dornic să învețe. Există protocoale și lucrurile sunt făcute în mod foarte specific, dar acestea sunt pentru ca fiecare persoană să învețe efectiv în timp ce cresc. Apropiindu-te ca un copil până te maturizezi este felul cel mai bun de abordare. Nu vei beneficia din încercările de a face lucrurile descrise de altcineva până când nu sunt scrise în inima ta. E bine să privești amintirile și evenimentele din viață pentru a putea vedea ce anume se manifestă pe linia ta generațională, ce a cauzat ca acel eveniment să se întâmple. Înțelegerea e puternică."

Am privit de-a lungul liniei familiei mele și am văzut evenimente și amintiri care au fost transmise generațional. "Acum ce facem?" am întrebat.

Puritatea a continuat. "Acum, știind ce s-a întâmplat pe linia familiei tale, este important să începi să îți asumi responsabilitatea faptelor strâbunilor tăi cât și a faptelor tale. În acest caz este faptul că ai permis 'fricii de eșec' să rămână.

Fiecare a avut posibilitatea de a alege și au ales să îi permită să rămână. Apoi trebuie să înțelegi că fiind fiu, ești sub acoperirea Grației. Dacă, în acest proces, lași în afară Grația și devii limitat la lege, nu vei beneficia de nimic. Deci, pentru că te afli sub acoperirea grației și ți-ai asumat responsabilitatea pentru faptele, vibrațiile și frecvențele care ți-au întinat ADN-ul, roagă-L pe Tatăl să judece acea situație și să trimită vibrația și frecvența iubirii în ADN-ul tău. Odată ce a fost judecată și nu mai are putere în tine, roagă-L pe Tatăl să judece totul în viața ta și în jurul tău cu aceiași furie și violență. Nu trebuie să fie complicat și pentru că ai venit ca un copil vei învăța MULT mai multe. Începe acolo și permite-i IUBIRII să îți arate calea. Sunt multe lucruri pe care le vei vedea, dar cel mai important lucru este să rămâi ca un copil. Mai bine să fi începător în ce e nou decât expert în ce e vechi."

Acum aveam o înțelegere mult mai clară a "Păcatele Părinților au fost transmise generațiilor viitoare", cât și a ceea ce a fost împlinit când Daniel a cerut iertare pentru păcatele părinților și strămoșilor lui. Era foarte încurajatoare aplicarea aceste noi înțelegeri în contextul prețului plătit de Isus, am înțeles că Isus a plătit pentru răscumpărarea noastră completă. Este datoria noastră să accesăm acest fapt și să îl manifestăm prin Credință. Acum avem o imagine și o înțelegere mai clară despre cum arată și funcționează.

Nerăbdător de a merge mai departe, am făcut exact ce m-a învățat. Când L-am rugat pe Tatăl să îmi judece ADN-ul, a fost ca și când o mulțime de fulgere au început să clocotească din interior. Frecvența și vibrația iubirii nu veneau din afară ci din interior. A anihilat toate aspectele fricii de eșec și a umplut acel loc gol din interior spre exterior. Când s-a terminat acest proces nu mai exista nici o urmă a vechiului sunet și ADN-ul proaspăt vindecat susura sunetul IUBIRII ca și restul ADN-ului vindecat. Zâmbind până la urechi, Puritatea a spus, "Foarte bine."

În timp ce vorbea. Am ieșit din ADN și ne aflam cu Isus într-o sală de judecată. Curios, am întrebat, "Toate astea s-au petrecut aici?"

Isus mi-a răspuns, "Da, dar Credința e cea care a contat în acest moment. Ai avut nevoie să vezi ce înseamnă să îți fie vindecat ADN-ul."

Mulțumindu-i, am știut că e timpul să pășesc prin poartă și să mă întorc pe plajă. Înainte de a păși, am aruncat o ultima privire spre Isus. Minunăția care ÎL înconjura îmi tăia răsuflarea și nu mă puteam sătura privindu-L. Fiind în prezența Lui era definiția a fi complet iubit și era complet mistuitor. El este singurul care poate stăpâni setea din mine. Am pășit prin poartă pe plajă cu mai multă înțelegere și mult mai multă IUBIRE.

Regele David

CAPITOLUL 5

"REGELE DAVID"

ACȚIONÂND DIN ODIHNĂ

Stând pe plajă lângă poartă am început să privesc mai îndeaproape pentru a descoperi noutăți. Doream să învăț mai multe despre poartă și despre cum funcționează. Poarta a fost deschisă când am mâncat acel sul (mandat) dar asta nu îmi spunea prea multe. Aveam întrebări. Pășind înapoi, depărtându-mă de poartă pentru a o privi dintr-un alt unghi, am simțit Spiritul Fricii de Domnul venind spre mine prin poartă. În timp ce pătrundeam în Spiritul Fricii de Domnul, am fost surprins. Acum simțeam că se apropie din altă direcție. M-am întors repede și privind în sus, am văzut pe cineva cunoscut venind spre mine. Era Regele David. Era învăluit în Spiritul Fricii de Domnul. S-a oprit la câțiva metrii de mine și mi-a spus, " În acest moment ne aflăm deasupra Cerurilor. Ascultarea ta (supunerea) de a mânca acel sul a creat această poartă și dorința ta de intimitate cu Dumnezeu te-a ajutat să treci prin ea. Când vei termina ce ai de scris și revelația prezentată va fi întipărită în tine, acest loc va fi închis și distrus. O să fie bine când se va întâmpla asta pentru că atunci vei avea acces la revelație și la Oamenii în Alb în interiorul tău. Nu trebuie să mergi niciunde, atotcunoașterea și orice poartă de care ai avea vreodată nevoie se află în interiorul tău. Permite-i Tatălui să te ducă mai departe la restul porților."

La acea vreme când Regele David mi-a vorbit, nu mai auzisem pe nimeni vorbind despre poartă în maniera pe care el o alesese. Abia acum recent i-am auzit și pe alții menționând despre astfel de porți. Privind spre poartă cu o nouă înțelegere despre ce se întâmplă, puteam vedea acum un cuvânt scris deasupra ei: Speranță. Când am văzut asta, am înțeles imediat felul în care tot ce întâlneam va fi întipărit în mine. Pentru mine, Speranța era cheia pe care nu o aveam. Prin Credință, stând în fața porții din interiorul meu și cerându-mi iertare pentru tot ce e în mine fără Speranță în Isus, am putut să deschid ușa interioară (din mine) a Speranței care mă duce la IUBIRE. În mijlocul iubirii, prin poarta interioară a Speranței, prin bunătatea Lui, Tatăl va începe să îmi arate cum să accesez sursa numită "Oamenii în Alb" care mă vor ajuta în călătorie.

Regele David a zâmbit, "Ceea ce tocmai ai realizat e minunat și va funcționa. Este totuși un fel vechi de a gândi de care trebuie să te îndepărtezi. Încă nu ai realizat care e cheia cea mai importantă pentru a progresa și asta te face de fapt să încerci să deschizi o poartă interioară dintr-o direcție greșită."

Surprins, am spus, "Asta e bine de știut, ce îmi lipsește?"

Mi-a răspuns, "Odihna." (liniștea interioară)

A urmat o pauză lungă care era necesară. În primul rând să realizez că am abordat poarta dintr-o direcție greșită și apoi eram copleșit de puterea pe care o aveau cuvintele lui. Când a spus 'odihna', am fost străbătut de un val puternic de calm și liniște. A durat destul de mult timp. După ce pauza cauzată de putere a fost completă regele David a continuat, "Odihna este punctul de acces al realității. Este ceea ce îți permite să crești în natura Lui și este începutul responsabilității și creativității. Punctul de plecare în accesarea porților interioare sau altor porți, trebuie să fie odihna. Când Isus s-a urcat la cer, a șezut la dreapta Tatălui, indicând odihna. Începutul intrării în odihna Tatălui este legată de a îi permite spiritului tău să guverneze asupra restului ființei tale. Odihna fizică este de cele mai multe ori ușoară, bătălia cea grea este pentru odihna emoțională. Trupul tău fizic se va alinia la ceea ce îi dictează emoțiile, deci atunci când îți liniștești emoțiile, reușești să îi permiți spiritului să guverneze. În interiorul tău se află un Loc de Odihnă. Trebuie să îi permiți lui Isus să ia loc pe acel tron. Când îi cedezi Lui acel loc, El te va invita să stai cu El pe acel tron ca să puteți domni și conduce împreună. A domni și conduce cu Hristos începe de asemenea în interior. Suntem chemați să guvernăm galaxii și tot ce conțin, dar asta începe cu a ne guverna pe noi înșine. Accesul spre galaxii pe care îl dorim, vine din interior. E posibil să existe porți exterioare care sunt deschise pentru tine în timp dar TREBUIE să le accesezi din interior. Mulți oameni, biserici și comunități de credincioși au fost rănite și distruse încercând să facă altfel. Blândețea începe cu odihna. În Matei 5:5 se spune,

'Ferice de cei blânzi, căci ei vor moșteni Pământul!'

Cei care vor moșteni Pământul sunt aceia care vor fi învățat să funcționeze dintr-un loc de liniște interioară perfectă (odihnă) pentru că odihna este începutul blândeții. Adevărata putere se află în odihnă și adevărata responsabilitate are la bază odihna. Moștenirea Pământului e doar începutul. Ați petrecut atât de mult timp FĂCÂND. Este timpul să învățați să FIȚI și să guvernați din odihnă. Aceasta este pregătirea pentru a fi Regi. Când vi la porțile Speranței și Iubirii din direcția din care ai venit tu, totul e legat de a FACE și a executa. Când accesezi IUBIREA din odihnă și îi permiți să îți arate ce trebuie făcut pentru a deschide porțile Speranței și Credinței, atunci tu EȘTI. Asta fac regii. Regii 'sunt' prin ce guvernează și administrează dintr-o poziție de odihnă. Dacă guvernezi ca Rege din Cer, vei avea toată informația de care ai nevoie pentru a lua decizii. Dacă într-un moment al vieții vei încerca să iei o decizie fără a avea toată informația, este timpul să te oprești și să intri în odihna Lui pentru a vedea lucrurile din perspectiva Lui. Începe prin a ceda Lui, din nou, Locul de Odihnă din inima ta și continuă de acolo. Dacă nu te afli într-o stare de odihnă vei acționa impulsiv. Indiferent dacă decizia ta se sfârșește bine sau rău, atunci când ai luat-o din impulsivitate, este o decizie incorectă, pentru că atunci când ai luat-o nu ai fost în uniune cu Hristos. Deciziile impulsive sunt luate în tine pentru tine."

I-am mulțumit Regelui David și a dispărut. Am înțeles că era timpul să intru în starea de odihnă. Mă îngrozea gândul că aș mai putea lua vreo decizie din impulsivitate, încercând să accesez în direcție greșită porțile și căile care erau create pentru binele meu. Am ieșit din această experiență spirituală de tot. Trebuia să încep să exersez starea de odihnă și să încep să analizez totul.

Felul meu preferat de a procesa totul este într-un fel de vehicul de teren în pădure sau într-o barcă de pescuit accelerată la maxim pentru a ajunge cât mai repede la următorul loc de pescuit. În acel moment al vieții, când mi se întâmplau toate astea, aveam acces la un ATV Honda 420 Rancher (o motoretă cu patru roți) vopsită în camuflaj, și mai aveam acces la un lac superb plin de bas. Mi-am luat rapid undița și cutia cu unelte și am zburat spre lac pe acel ATV. Acest lac era un loc foarte special pentru mine. Era un lac mare și adânc înconjurat de natură. De fiecare dată când te uitai în jur puteai vedea un copac mișcând datorită vreunei veverițe sau a vreunei căprioare. Apa lacului era tot timpul liniștită și când mergeam devreme în diminețile de vară, aburii formați deasupra lacului erau fermecători. Odată ce aburii se ridicau puteam vedea malul celălalt al lacului și admira reflexia în apă a pădurii ce înconjura lacul. Frumusețea îți tăia respirația, mai ales seara. La asta se adăuga faptul că lacul era plin de bas sănătos și eu descoperisem modul de al vedea pe Dumnezeu în natură. Iubeam acest loc. Mi-am parcat ATV-ul și mi-am întors privirea spre lac ca de obicei, stând în liniște (fizică și emoțională) cam treizeci de minute. După treizeci și cinci de minute am simțit o prezență venind spre mine. De obicei treceau mașini pe drum dar de data aceasta am simțit că e vorba de o persoană. Am început să merg spre drum și am realizat că acea prezență se afla în spatele meu. Când m-am întors să mă uit, dinspre pădure venea din nou spre mine, Regele David. Era în spirit dar am fost foarte surprins că venise 'jos' aici.

Privindu-l, am spus, "Frumos loc, așa-i?"

"Îți taie respirația", a spus.

"Îți mulțumesc mult că ai venit, dar de ce te afli aici?" l-am întrebat.

"Aici te afli în odihnă, am vrut să îți demonstrez că tot ce accesezi când te concentrezi să vezi în spirit, îți este accesibil ușor când te afli în odihnă. Este vorba de a fi, nu de a face. Decide în inima ta să îți trăiești viața în odihnă," mi-a răspuns el.

Pe un ton de glumă, l-am întrebat, "Acum că ești aici, cum ți se pare mobilul meu camuflat? Merge repede pe teren."

Cu un zâmbet șugubăț mi-a răspuns, "Pe vremea mea noi călăream cai și care de război cu săbii, luptându-ne cu și împotriva uriașilor. Așa că o să îl numesc mobil de amator."

Am izbucnit amândoi în râs. Camaraderia noastră și conversațiile erau pline de onoare și umor. În timp ce glumeam și povesteam despre diferențele dintre timpul lui pe Pământ și timpul meu, relația noastră era construită într-un schimb de onoare și viață între noi. Mi-am dat seama că avea multe de spus despre închinare și multe alte lucruri, dar acelea erau pentru un alt timp. După ce am prins câțiva pești era timpul să mă întorc. Regele David a dispărut și am mers acasă pe 'mobilul meu amator'.

Când am ajuns acasă se făcuse timpul să lucrez pentru câteva ore. Așa că m-am suit în camion și am plecat spre locul unde trebuia să fiu. În acel timp aveam o mică afacere de curierat, eram bine plătit să fiu curier între spitale. Această parte a zilei era doar a mea și îmi plăcea chiar dacă uneori era greu. Nu vă puteți imagina ce schimburi se fac între spitale. Am preluat o ladă frigorifică de la prima locație și când mă îndreptam spre destinație, mi-a sunat telefonul. La telefon era un broker care îmi oferea acces la o grămadă de afaceri locale care aveau nevoie de serviciu de curierat. Omul era profesionist și mi-a răspuns la toate întrebările așa că i-am spus că îl voi suna înapoi în douăzeci și patru de ore. Eram entuziasmat și beneficiul era bine venit. În momentul în care am închis telefonul am decis să îmi administrez viața și munca în felul sugerat de Regele David. Târziu în acea seară când m-am dus la culcare, am decis să cedez cerului decizia cât de bine am putut. Aveam multe întrebări dar doream să fiu în odihnă și să încep să îmi trăiesc viața din odihnă. Rugăciunea mea a fost simplă, "Isuse, nu am idee ce ar trebui să fac și să fiu sincer sunt obosit să mă tot gândesc. Iată-mă, în timp ce adorm mă predau ție și vin în prezența ta."

Obișnuiam să fac asta de când aflasem că este posibil. Am început să am visuri vii și lucide din 2004 și nu înțelegeam de ce nu se putea întâmpla așa în fiecare noapte.

Odată ce deveniseră obișnuință s-au schimbat din vise metaforice în vise reale, vii, întâlniri uimitoare în timpul nopții. Chiar înainte de a adormi, am simțit cum plutesc în afara trupului spre Cer. În această întâlnire am fost dus în dimensiunea acelei afaceri care tocmai îmi fusese oferită. Am fost dus în computerele lor. Am fost dus în sistemul lor contabil și mi-a fost arătat cum făceau bani, am înțeles limitele și scopurile lor. Nu sunt contabil și nu am nici o pregătire prealabilă în domeniu dar am înțeles totul și chiar am văzut că ar putea să facă mici schimbări care le-ar aduce mai mult beneficiu. Am fost dus în sala lor de conferințe și mi s-a permis să văd ședințe din trecut și chiar unele din viitor. Le-am perceput scopurile, viziunea, cum se purtau cu angajații și chiar sistemul prin care angajații pot face sugestii. Am văzut dorințele fondatorilor companiei și motivele pentru care au creat-o. Nimic nu îmi era ascuns, puteam vedea tot, la toate nivelurile. Chiar și mici certuri între colegi. M-am trezit dimineața luminat. Conștiința îmi era limpede așa că am întrebat Duhul Sfânt de ce mi s-a permis să văd acele lucruri. Nu m-a afectat în nici un fel așa că eram curios. Duhul Sfânt mi-a răspuns imediat. Ne-am dorit să ai toată informația înainte de a decide. Ai văzut și binele și răul. Scopul nu a fost de a te influența în vreun fel, decizia îți aparține.

Aveai nevoie să vezi cum arată lucrurile când le predai Cerului, guvernând și luând decizii din odihnă."

Nu mai aveam întrebări. Răspunsul era clar și era mult mai bună guvernarea din Cer decât a încerca să analizez situația cu informații parțiale. Ideea era că deciziile nu erau înrădăcinate în cunoașterea binelui și răului, acesta fiind începutul unei călătorii minunate în odihnă și atotcunoaștere. Tatăl chiar știe tot și nimic nu îi este ascuns. Am aflat că dorește ca noi să guvernăm din același loc.

CAPITOLUL 6

"NAZARINEANUL"

ONOAREA

Așezat pe fotoliul gloriei (fotoliul meu normal de acasă în care obișnuiesc să stau când vizitez Cerul), m-am hotărât să accesez din nou plaja. Înainte de a închide ochii am avut senzația că acolo mă va aștepta cineva. Încă de aici de pe pământ puteam să simt anumite lucruri despre această persoană. Era masiv în spirit. E nevoie de multă siguranță și o identitate bine stabilită pentru a nu fi intimidat de această persoană. Era blând dar feroce, îndrăzneț și extrem de sincer. Râzând în sinea mea, simțisem deja prea mult despre cum era așa că am închis ochii să merg să îl văd. Am apărut pe plajă undeva la stânga porții la ceva distanță și am fost imediat surprins de un munte de om care se afla în fața mea. Era un munte nu prin dimensiunile lui fizice ci prin putere și onoare. Samson era întruchiparea onoarei, smereniei, blândeții și măreției – așa de mult încât mi-a venit să mă închin din respect, îmi era greu să îl privesc. Privindu-mă direct, aproape pătrunzându-mi în suflet prin ochi, Samson mi s-a adresat pe un ton blând, "Bună Joseph, sunt onorat să te întâlnesc."

Prinzând curaj să vorbesc deși încă mă îndoiam de mine însumi, am spus, "Cum se face că tu ești onorat să mă întâlnești pe mine? Nu vreau să fiu vinovat de falsă modestie dar sunt sincer curios."

Zâmbind, mi-a răspuns, "Pui această întrebare pentru că nu ai pătruns conceptul onoarei."

M-am oprit pentru o clipă pentru a-mi examina inima, "Bine, te rog să mă înveți."

Samson nu mi-a răspuns direct la rugăminte dar a continuat, "Trebuie să începi să te vezi pe tine însuți așa cum ai fost înainte de facerea lumii. În timp ce continui să știi din ce în ce mai bine cine erai atunci, vei începe să vezi enormitatea a cine ești acum. Onoarea este în primul rând despre cum te vezi pe tine însuți și apoi despre cum îi vezi pe ceilalți. Onoarea vine din inimă și este rezultatul transformării interioare. Respectul este acțiunea care urmează transformarea pe care Onoarea a realizat-o în inima ta. Motivul pentru care simți atâta onoare în Cer este faptul că inimile au fost purificate."

"Blândețea este fundația de unde pleacă și crește onoarea. Puterea strunită de odihnă (care este blândețe) creează o atmosferă în care onoarea se poate manifesta. Toți oamenii pe care i-am ucis au fost onorați înainte de moarte, nu datorită agresivității, abilităților sau măreției (toate prezente) ci datorită faptului că trăiam în smerenie. Am avut o vedere sobră despre mine însumi (aveam multe slăbiciuni în viață) așa că am putut să îi văd pe acei oameni care încercau s mă omoare dintr-o perspectivă corectă și să le acord onoarea cuvenită în moarte. Deoarece puteam să mă văd pe mine însumi bine, am putut să îi văd și pe ei bine și să acționez în concordanță."

Uimitor cum Samson a putut asocia uciderea dușmanilor lui cu onoarea, într-un mod atât de clar, singurul lucru pe care-l puteam spune era "WOW!"

Samson a continuat, "În Matei 5:9 scrie,

Ferice de cei împăciuitori, căci ei vor fi chemați fii ai lui Dumnezeu!

Mulți din trupul lui Hristos în zilele voastre asociază a fi împăciuitor cu pasivitatea, evitarea confruntărilor sau controlul agresiv. Cei care se poartă în acest fel sunt la polul opus a ceea ce înseamnă cu adevărat a fi împăciuitor."

Samson s-a oprit și am întrebat următoarea întrebare logică, "Atunci cum este un adevărat un împăciuitor care e numit fiu?"

A continuat, "Pentru a începe umblarea în revelația facerii păcii trebuie să începi să clădești o fundație de onoare și blândețe în viața ta. Acestea trei nu pot exista separat. Am făcut pace în zilele mele, și asta nu a început cu omorârea unei armate de oameni. Am fost folosit ca și judecător pentru că aveam această fundație. Frumusețea de a deveni un făcător de pace (împăciuitor) este că atunci când ai stabilite aceste fundații în viața ta (pace, onoare, blândețe) acest proces poate fi sub forme diferite, după voia Tatălui. Pe vremea mea era să omori o armată de oameni.

"Mai sunt și alte lucruri de bază, fundații ale facerii păcii despre care ar trebui să știu?" am întrebat.

"Da, pe măsură ce crești în onoare și blândețe în perimetrul împăciuirii, mai există un ingredient vital: Mila. În Matei 5:7 scrie,

Ferice de cei milostivi, căci ei vor avea parte de milă!

"Pentru mulți, mila va fi cel mai greu de dezvoltat. Mila Tatălui este o mare ofensă pentru cei care încă nu au realizat cât de mult li s-a dat. Pentru a arăta milă trebuie să ai capacitatea de a pedepsi pe cineva. Ai fost învățat, și pe pământ oamenii lucrează în maniera în care dacă un rău este săvârșit, pedeapsa este inevitabilă. Tatăl are capacitatea și dreptul să pedepsească toată lumea, totuși ne-a iubit atât de mult încât a găsit o cale prin care pedeapsa să fie evitată pentru totdeauna. A demonstrat mila întregului cosmos." A răspuns Samson.

I-am mulțumit lui Samson pentru tot ce mi-a descoperit și l-am întrebat dacă mai este și altceva ce dorește să îmi spună despre onoare. Samson a continuat, " A oferi și a primi onoare sunt ambele legate de smerenie. Dacă nu vi de pe o poziție smerită când oferi onoare, doar flatezi pe cineva cu scopul de a obține ceva de la el, ca de exemplu a te simți acceptat. Pentru a primi onoare trebuie de asemenea să te afli în smerenie. Dacă te găsești într-o poziție interioară corectă când ești onorat, viața va curge în ambele direcții din cel care dă și din cel care primește și amândoi creșteți exponențial doar fiind în unul în prezența celuilalt. Onoarea de la Dumnezeu funcționează la fel. Trebuie să ajungem în locul în care suntem atât de cuprinși de onoarea Tatălui pentru noi, încât să nu ne temem să oferim onoare altora sau de onoarea pe care ne-o oferă alții. Tatăl ne găsește în cel mai rău loc posibil, se identifică cu noi acolo și ne arată cine suntem și cum ne vede El – apoi ne acordă cea mai mare onoare a tuturor timpurilor și creației, numindu-ne fii."

" Poate face asta pentru că Isus Hristos a luat cea mai umilă poziție în locul nostru și a demonstrat întregii creații, felul de a face pace al Dumnezeirii. Cea mai mare onoare din locul cel mai de jos, știind tot timpul cine era și de ce era capabil."

Încercând să cuprind magnitudinea a tot ce îmi spusese Samson, am mai pus o întrebare, "Samson, sunt onorat dincolo de ce pot exprima prin cuvinte. Îmi cer scuze că pricep greu, poți să legi totul împreună ca să pot să accesez totul din nou și să îmi înfășor ființa în jurul a ceea ce mi-ai descoperit?"

Samson a zâmbit, "Sunt bucuros să te ajut. După aceea trebuie să plec. Am să îți spun totul într-un fel în care îți va fi ușor de priceput. Înțelege că în fiecare cuvânt sunt multe substraturi pe care tu trebuie să începi să le descoperi în viața ta. Va fi bucuria Dumnezeirii să te ajute să faci asta pe măsură ce crești în cunoaștere. Adevărata împăciuire este construită pe o fundație de onoare, smerenie și milă. Toți fiii sunt chemați să fie făcători de pace (împăciuitori) și a crește în revelație presupune creșterea în cele discutate mai sus. Onoarea începe cu a vedea cine ai fost înainte de facerea lumii și continuă cu a avea o percepție corectă despre cum te vede Tatăl tău ceresc acum. Smerenia se va naște din percepția corectă a Tatălui și e necesară pentru a avea Milă. Atunci când realizezi mila care ți-a fost deja oferită, vei fi capabil să ai milă față de alții prin onoare și smerenie, devenind un făcător de pace. Fiecare om începe într-un loc diferit dar asta e forma care persistă şi funcţionează în uniune perfectă, atrăgând atenţia spre actul de împăciuire care a configurat totul – crucea."

Greutatea celor spuse de Samson a fost prea mare. M-am prăbuşit. Realizarea mea legată de magnitudinea a ceea ce a făcut Isus pe cruce, a explodat. El a fost definiţia actului de facere a păcii. Un semn în Cer pentru toată eternitatea a bogăţiilor şi milei lui Dumnezeu împlinit prin însuşi Dumnezeu, care a luat formă umană, într-un ultim act de umilinţă, arătându-mi mie onoarea; un om simplu care nu avea să păşească pe pământ decât peste 2000 de ani. Întruchiparea milei, pentru mine. Nu e de mirare că cei care fac pace sunt numiţi fii. Nu mai puteam suferi intensitatea momentului. Am încercat să ies din întâlnire. Când am ieşit tot ce puteam vedea era crucea. De fiecare dată când o vedeam eram din nou răpit înapoi în acelaşi loc sub aceeaşi greutate. Am decis să stau acolo cu faţa la pământ pe plajă fiind incapabil să mă mişc pe pământ oricât ar fi necesar. Tot ce puteam face e să stau închinat pe plajă.

După ce mi s-a părut a fi ani de zile, am început să mă obişnuiesc cu greutatea şi gloria atmosferei la care eram expus. Se pare că nu avea de gând să se ridice. M-am întors cu faţa în sus şi privind în Cer, un val a trecut peste mine când am văzut-o – crucea pe care Mielul a fost ucis dinaintea facerii lumii, se afla expusă în Cer pentru ca toţi să o vadă ... pentru totdeauna.

CAPITOLUL 7

"MOISE"

CREDINȚĂ ȘI DREPTATE

Moise era grațios, plin de iubire și puțin ciudat. Am ajuns să realizez că pe măsură ce mintea îmi e deschisă spre Tatăl nostru ceresc, pe măsură ce ÎL doresc și învăț din ce în ce mai mult, împreună cu alinierea mea de a rezona pe o frecvență mai înaltă prin întâlnirile cerești – am ajuns să îi văd pe acești Oameni în Alb așa cum sunt cu adevărat și să percep rolul lor și gloria pe care o poartă. Când spun că Moise era 'ciudat' mă refer la faptul că am văzut lucruri pe care mintea mea le-a perceput a fi nenaturale sau anormale. Atunci cânt întâlnești ceva în fața ta, ceva ce creierul tău respinge ca fiind posibil, realizezi cât de mult nu știi și cât de mic control ai asupra situației.

Moise era învăluit în compasiune în timp ce se apropia de mine. Avea o prezență enormă, fierbinte, care aproape ordona onoare și mi-a amintit de cele patru fețe ale Tatălui. Apropiindu-se zâmbea ca un tată, acum stătea în picioare lângă mine. Mi-am dorit mult să îl cunosc pe Moise și îl văzusem în trecut investind în viața mea. Aceasta era prima noastră întâlnire față în față. Eram atât de bucuros așteptând să văd ce avea de spus și entuziasmat să pot petrece timp cu el. Moise a început așa, "Hei, e minunat să ne întâlnim față în față. Am semănat mult în destinul tău și în generația ta. Aș dori foarte mult să vorbim despre câteva lucruri, dar prima dată vreau să îți prezint pe cineva."

După câteva momente Moise a continuat, "Vreau să faci cunoștință cu Credința. Credința este literalmente substanța lui Dumnezeu. Când vorbim despre Credință ca entitate sau ființă, vorbim despre substanța energetică a lui Dumnezeu manifestată ca ființă dimensională. Pentru că Credința este efectiv substanța lui

Dumnezeu, se poate manifesta dimensional în orice fel dorește. Dar felul în care se manifestă Credința este tot timpul intențional și se va manifesta în cel mai bun fel posibil pentru tine, ca tu să poți învăța și crește cât mai mult, pentru că Tatăl te iubește. Credința a fost cu mine în toate zilele vieții mele pe Pământ. Așa că atunci când vezi Credința înseamnă că sunt pe aproape. Credința face foarte multe lucruri și îți va arăta MULTE minunății dar va fi tot timpul într-o direcție. Credința te va îndruma tot timpul spre IUBIRE, așa că dacă Credința îți arată ceva uimitor sau te învață să faci ceva uimitor, va fi prin și pentru IUBIRE. Credința te va îndruma să cedezi Tatălui părți din tine despre care tu nu erai conștient că există și sunt nesupuse. Credința te va ghida să schimbi lucruri despre care nu știai că trebuie schimbate pentru că scopul Credinței este să te conducă la Tatăl."

Moise s-a oprit pentru un moment apoi a continuat, "Am tânjit după clipa în care voi putea să investesc în generația ta. În primul rând pentru că e dorința Tatălui și apoi pentru că lucrurile pe care le-am trăit eu pe Pământ sunt accesibile pentru mulți. Nu va exista un nivel mai înalt de împlinire în viața ta decât să umbli în lucrurile care ți-au fost predestinate și care s-au spus despre tine dinaintea facerii lumii. Tatăl te iubește atât de mult încât a măiestrit cu mâna Lui o călătorie pentru tine pe care să o urmezi, o cale care te va duce la o mai adâncă revelație a Lui și într-o dimensiune mai înaltă a relației tale cu EL."

Privindu-l pe Moise vorbind, îmi tăia respirația. El nu numai că îmi comunica voia Tatălui pentru viața mea și a celorlalți dar, datorită locului în care ne aflam, puteam vedea în viața lui - când era pe Pământ - vorbind aceste cuvinte celor din jurul lui, formând și creând realitatea generațiilor care urmau. Cuvintele pe care le rostea erau atât de creative și imaginative încât ele aveau puterea nu numai de a crea o realitate spirituală ci chiar una fizică. În viața sa, Moise a deschis o cale și a fost atât de apropiat de Dumnezeu încât lucrurile spirituale și/sau fizice dorite (pentru că nu exista separare a dorinței între el și Tatăl) puteau fi manifestate deschis în dimensiunea fizică chiar în fața lui. Era la fel de ușor pentru el să contureze o realitate spirituală care deschidea o ușă prin care să treci, ca și să declare (să vorbească în existență) o structură fizică în acel loc. Era desăvârșit.

În timp ce realizam toate acestea, Credința a apărut lângă Moise. Credința nu era așa cum m-aș fi așteptat. Mă așteptam la ceva foarte ciudat dar de data aceasta Credința a apărut semănând cu un înger. Știam din ce mi-a descris Moise că ea era mult mai mult, dar acum Credința a apărut foarte simplă, necomplicată și abordabilă. Știam că aveam ceva de învățat și din asta. Moise mi-a acordat mult timp pentru a absorbi tot ceea ce vedeam apoi a continuat, "Unul din secretele care trebuie descoperite pentru a începe a umbla în tot ceea ce ai văzut, este smerenia. Adevărata smerenie constă în a ceda controlul vieții tale. Să mergi în fiecare zi știind cu toată ființa ta că dimensiunea completă a începutului și sfârșitului a tot ce posezi, dorești și ai nevoie, este EL, este întruchiparea smereniei și începutul puterii. În Matei 5:3 scrie,

Ferice de cei săraci în duh, căci a lor este Împărăția cerurilor! (traducerea Cornilescu)

Ferice (să prospere spiritual, fericit, să fie de admirat) sunt cei săraci în spirit (cei lipsiți de aroganță spirituală, cei care se consideră nesemnificativi) căci a lor este Împărăția Cerurilor (acum și pentru totdeauna). (Traducere din versiunea engleză amplificată)

Moise a continuat, "Mulți au asumat greșit că a fi sărac în spirit are legătură cu sărăcia, slăbiciunea și falsa umilitate. A fi sărac în duh are legătură cu adevărata smerenie și o vedere sobră a sinelui (vezi Romani 12:3). Este ușor să vezi ceea ce nu ai. Partea cea mai grea a unei vederi sobre cu care mulți se luptă este să vadă ceea ce deja li s-a acordat din încredere. Sunt oameni care călătoresc peste tot pământul căutând o relație mai profundă cu Tatăl, fără să realizeze ceea ce au deja. Ei cred că relația lor cu Dumnezeu trebuie să arate ca și a altora și ceea ce au ei nu va fi niciodată suficient pentru că nu se simt împliniți. Soluția se află în interiorul lor și o au deja. Adevărata umilitate nu este realizarea 'a ceea ce nu ai'. Ea începe cu realizarea a ceea ce ai, și ceea ce ai nu este rezultatul a ceea ce ai făcut ci ai primit tot datorită identității tale divine și responsabilității care ți-a fost dată. Fiind nesemnificativ e legat de a nu te lua pe tine însuți prea în serios. Când vei realiza ce am spus mai sus, vei ști că există situații în care ceea ce ți-a fost dat e necesar – și tu vei fi descoperit. Vor fi de asemenea situații în care nu vei avea nevoie de darurile tale. O vedere sobră a sinelui te va ajuta să determini reacția corectă. Promisiunea legată de smerenie este Împărăția Cerurilor, iar importanța acestei promisiuni nu trebuie subestimată."

I-am mulțumit lui Moise pentru cuvintele lui și privind spre Credință mă întrebam care este semnificația mai profundă legată de felul în care apărea acum. Credința a zâmbit și mi-a spus, "Simplitatea. Deși Dumnezeu e complex, nu e complicat. Dorește să ÎL iubești."

Moise a continuat și Credința a rămas, "Dacă a fost un lucru care mi-a marcat viața și aș dori ca oamenii să vadă un singur lucru din viața mea de pe Pământ, ar fi iubirea. Am început cu iubirea, iubirea e cea care m-a susținut când am fost responsabil de milioane de oameni și iubirea e cea care mi-a permis să îi consider pe ei înainte de a mă considera pe mine."

Moise s-a oprit pentru o clipă. L-am întrebat, "Erau milioane de oameni și probabil multe milioane de probleme. Au încercat să îți facă rău, mari injustiții au fost comise împotriva ta și mult rău s-a făcut. Cum poți iubi pe cineva atât de mult încât să îi consideri pe ei înainte de a te gândi la tine când ei ți-au făcut rău și au vrut să te omoare?"

Moise a zâmbit pana la urechi, "Speram că îmi vei pune această întrebare. Unul din scopurile mele principale pe Pământ azi este să îi învăț pe alții să facă ce am făcut eu la timpul meu. Să stea la masa Tatălui privind în și prin cele patru fețe ale Tatălui. Răspunsul este simplu. Singurul fel în care poți începe să iubești pe cineva care a greșit față de tine și/sau ți-a făcut rău, este să elimini conceptul pe care îl ai despre dreptate, rele și justiție, cedându-le Cerului. Conceptele pe care le ai și le-ai învățat sunt înrădăcinate în Copacul Cunoașterii Binelui și Răului nu în Copacul Vieții. Conceptele Cerului despre greșeli și justiție sunt foarte diferite de cele pământești. Încă o dată, chiar conceptul de bine și rău prin Copacul Cunoașterii este înrădăcinat în ADN-ul tău. Trebuie să renunți la dreptul și abilitatea din inima ta de a judeca binele și răul și de a executa justiția din parametrii pe care îi ai acum și să predai totul Cerului și Sistemului Judiciar Ceresc. De aceea răzbunarea este a Lui (Vezi Romani 12:19-20), asta te va ajuta să ai o inimă care nu poate fi ofensată. Nu e vorba că nu exista bine/rău, dreptate/nedreptate; este vorba de faptul că sursa de unde trebuie să se facă judecata trebuie schimbată. Judecata trebuie să vină din Cer – și tu ești cel care decide unde este judecata în viața ta. Așa că, pentru a-ți răspunde la întrebare, am putut să îi iubesc pentru că nu exista loc de aterizare a ofensei în inima mea. Am predat Cerului dreptul și abilitatea mea de a judeca și am luat totul în Cer, cerând consiliere și pledând pentru milă. Am putut să iert oamenii repede, pentru că nu aveau idee ce făceau. Eu puteam vedea așa că era responsabilitatea mea să rezolv situația."

"La început am fost imatur și mi-am petrecut literalmente tot timpul, ducând problemele tuturora înaintea Tatălui, încercând să fac totul singur. Deși imaturitatea m-a făcut să fac asta, practica este unul din lucrurile principale care m-au pregătit să intru în poziția de autoritate care mi-a fost destinată. A fost pregătire, pentru ca eu să duc toate problemele oamenilor la Tatăl în numele lor și pentru binele națiunii (Vezi Exodul 18), a trebuit să îi iubesc. Pe toți. A trebuit să îi iubesc mai mult decât m-am iubit pe mine. A fost pregătire pentru mine deoarece în exercițiul de a aduce continuu situații înaintea Curților Cerești și primind cunoașterea Tatălui în toate cazurile, am început să învăț căile Lui."

"David a scris despre ele în Psalmul 103: 6-7 când a spus,

'Domnul face dreptate și judecată tuturor celor asupriți. El Și-a arătat căile Sale lui Moise, și lucrările Sale, copiilor lui Israel.'

"David a continuat să vorbească despre căile Tatălui în versetele următoare. Este important pentru tine să pătrunzi aceste înțelesuri, pentru că ele încep să contureze felul în care Tatăl abordează dreptatea și justiția din Cer și în interiorul sistemului judiciar ceresc. Privește următoarele versete:

'Domnul este îndurător și milostiv, îndelung răbdător și bogat în bunătate.

El nu Se ceartă fără încetare și nu ține mânia pe vecie.

Nu ne face după păcatele noastre, nu ne pedepsește după fărădelegile noastre.

Ci cât sunt de sus cerurile față de pământ, atât este de mare bunătatea Lui pentru cei ce se tem de El;

cât este de departe răsăritul de apus, atât de mult depărtează El fărădelegile noastre de la noi.

Cum se îndură un tată de copiii lui, așa Se îndură Domnul de cei ce se tem de El.

Căci El știe din ce suntem făcuți; Își aduce aminte că suntem țărână.'

"Când Tatăl abordează justiția față de oricare copil al Lui și față de toți, acesta este modul lui de gândire. Așa că, dacă un alt fiu îți face ție o mare nedreptate, El va aborda situația cu respect și reverență față de amândoi. Asta nu înseamnă că nu vor fi consecințe. Înseamnă că iubirea va câștiga. Asta contrazice direct felul în care majoritatea percep justiția, deoarece oamenii vor justiție în care ei să câștige, nu iubirea. Un mod bun de a aborda justiția și dreptatea este ca toți să ne punem următoarea întrebare. Cum câștigă IUBIREA? Asta este ce am învățat în timpul meu descris în Exodul 18. Trebuie să îi cunoști căile pentru a sta la masa Lui."

Uimit, am spus, "Înțeleg o mică parte din sistemul judiciar Ceresc și am avut câteva experiențe acolo, dar cum scot Pomul Cunoașterii din ADN-ul meu și ajung să am o inimă neofensabilă?"

Zâmbind, Moise mi-a spus, "La fel cum scapi de tot ce e rău, prin sfânta comuniune (împărtășania)."

Realizarea m-a izbit din plin, "BINEÎNȚELES!" am exclamat râzând.

Râzând cu mine, Moise mi-a spus, " Mergi acum."

Am intrat cu Puritatea în ADN-ul meu și am trecut prin același proces. De această dată nu era vorba de o pată neagră ci de ceva ce îmi învăluia întregul ADN. Am fost eliberat cu aceiași ușurință ca și prima dată. După ce am ieșit din întâlnirea cu Puritatea, cu iubire sinceră în inimă, l-am privit pe Moise lung în ochi, mulțumindu-i din adâncul ființei mele. Moise a zâmbit și a dispărut.

Ioan Cel Iubit

CAPITOLUL 8

"IOAN CEL IUBIT"

CEI CARE IUBESC

Întins pe plajă, privind galaxiile, contemplând toate întâlnirile recente, creierul meu era complet prăjit. Acumulasem atâta informație și revelație într-un timp atât de scurt. Simțeam că trebuie să fiu introvertit pentru următorul an pentru a procesa totul, ceea ce mi se părea amuzant. Cu bucurie i-am mulțumit lui Isus că puteam să râd de mine însumi. Nu sunt multe lucruri ce pot concura cu un creier prăjit plin de bucurie și a râde în hohote de situație. Este de fapt renunțarea la control.

În timp ce râdeam, un val puternic de iubire a trecut peste mine, ceea ce a ușurat râsul și m-am simțit scufundat într-o stare de mulțumire, consumat de admirație. Consumat de o iubire ce trece dincolo de înțelegere, am respirat adânc. În mod ciudat, am simțit IUBIREA ca entitate, făcând la fel. Inspira și expira, respira în unison, împreună cu mine. După un timp în care am simțit asta, am ridicat ochii și l-am văzut pe Ioan cel Iubit venind spre mine. Pe lângă faptul că el nu a murit niciodată, era diferit în prea multe feluri de ceilalți pentru a fi descris, era întruchiparea IUBIRII. 'Cel Iubit' îl descria perfect. Frecvența iubirii radia dinspre el și din el. M-am ridicat să mă adresez lui. I-am mulțumit că a venit și l-am întrebat de ce a venit. Râzând mi-a spus, "Tu treci direct la treabă, nu-i așa?"

Luat complet prin surprindere am spus, "Păi eu mm, nu știu cum să răspund, cred că sunt condus de un scop și nu sunt prea sociabil în acest moment."

Ioan cel Iubit a râs cu mine, "Minunat, pe măsură ce vei petrece din ce în ce mai mult timp cu Oamenii în Alb, o să ajungi să ne cunoști mai bine și o să putem cultiva prietenii. Deja ai început asta cu unii dintre noi. Vrei să stăm pe nisip, să privim Pământul și să vorbim?"

Onorat și surprins am spus, "Bineînțeles!"

Era atât de prezent și intens încât mă simțeam foarte surprins. Cel Iubit punea întrebări de inimă și întrebări care m-au făcut să simt că îi pasă. Eram copleșit de asta. Întrebările lui erau atât de bune dar intenția lor era și mai și. Nu existau interese ascunse, ci doar simpla dorință de a mă cunoaște. După vreo jumătate de oră de întrebări și răspunsuri sincere, conversație de la inimă la inimă, am simțit că e momentul să pun și eu o întrebare.

"Pot să te întreb ceva?", am spus.

"Bineînțeles că poți, întreabă-mă ce vrei tu." Mi-a răspuns Cel Iubit.

"Acum că ești absolvent, și zic așa din lipsa unui cuvânt mai potrivit, ce e important pentru tine?", am întrebat.

Zâmbind, Cel Iubit mi-a răspuns, "Mă bucur mult că m-ai întrebat. Răspunsul este simplu. IUBIREA."

După o pauză în care am fost pătruns de răspunsul său, a continuat, "Lasă-mă să îți arăt."

Mi-a pus mâna pe umăr și a spus, "Privește Pământul și spune-mi ce vezi."

Privind spre Pământ am înțeles că eram situat în afara timpului așa că unele din cele văzute de mine se întâmplaseră deja iar altele urmau să se întâmple. Primul lucru văzut a fost un om care a intrat într-o situație de moarte sigură. Acest martir a murit oribil, voluntar, având o iubire imensă față de cei care l-au ucis. M-am uitat spre Ioan și am spus, "Am crezut că Isus a murit ca noi să trăim."

M-a privit și a spus, "Tot ce ai văzut a fost complet intim și plăcut Tatălui. Trebuie să ÎL iubești atât de mult încât să nu mai conteze dacă mori sau trăiești și ai încredere în EL în ambele situații. Când vei face asta, te vei mai apropia cu un pas de a nu judeca ce vezi pe baza a ceea ce înțelegi în prezent; vei privi această scenă și vei vedea că nici un om nu are o mai mare iubire decât aceasta. Când un om moare pentru fratele său, cea mai mare iubire este pentru Tatăl în primul rând, pentru că și-a încredințat complet viața în mâinile Tatălui. Datorită acestei iubiri mărețe, acel om a fost capabil să îi iubească pe acei oameni din acel sat și să moară pentru ei. De aceea fiecare om din acest sat va fi salvat. El a fost o sămânță de IUBIRE care va face să răsară mulți Stejari ai Neprihănirii."

A continuat, "Privește din nou și spune-mi ce vezi."

Am privit din nou spre Pământ. De această dată am văzut un orfelinat. Era îngrozitor. Nivelul de suferință și înfometare al copiilor era dincolo de cuvinte. Copiii care abia aveau doi ani învățaseră singuri să se pună la masă și să mănânce. În orice altă situație asta ar fi fost remarcabil, dar în cazul nostru dacă nu se puneau la masă, nu primeau mâncare. Persoana care avea grijă de ei îi ura, și de la naștere nu cunoșteau decât ura și lupta de a supraviețui. Mulți copii mici muriseră în acest loc și era acceptată situația pentru că așa erau mai puțini copii de hrănit. Am vrut să mă retrag pentru că aveam fața inundată de lacrimi dar am fost încurajat de Ioan Cel Iubit să privesc în continuare. În timp ce copiii se așezau la masă am observat o fetiță mică, sever malnutrită, rezemându-se de un zid, neputând să stea la masă, având o rană mare și dureroasă la un picior. Adulții au privit-o, au râs și au spus, "Se pare că nu avem nimic pentru tine în seara asta."

Au pășit peste copilă. Nu mai puteam suporta. M-am ridicat să plec dar l-am simțit pe Ioan Cel Iubit pășind în urma mea, mi-a îndreptat cu blândețe fața spre Pământ din nou. El mă susținea acum, "Respiră adânc și continuă să privești," mi-a spus.

După ce au servit o cantitate foarte mică de mâncare, adulții au părăsit încăperea, lăsând zece sau cincisprezece copii mici singuri. Cel mai mare avea probabil trei ani. Copiii care stăteau la masă au început să mănânce mâncarea ca și când asta ar fi fost tot ce vor primi vreodată. Nu eram sigur dacă nu cumva aveau dreptate. Un copil care încă nu știa să vorbească s-a uitat la acea fetiță mică de pe podea, scâncind de durere. Fără să se mai gândească, s-a coborât de pe scaun, și-a tras castronul de lemn de pe masă, spărgându-l și împrăștiind mâncare peste tot. Separând mâncarea dintre bucățile de lemn, a strâns-o într-o grămăjoară și i-a făcut semn fetiței înfometate să se apropie și să mănânce cu el. Când a realizat că fetița nu se putea mișca din cauza durerii, băiețelul de doi ani s-a tras lângă ea și a început el să îi dea să mănânce. După ce i-a dat ei să mănânce, a mâncat și el ce a mai rămas. Când băiatul a terminat, Ioan Cel Iubit a dat drumul feței mele întoarse spre Pământ și m-am prăbușit. Distrus pe veci.

Întins pe jos, lângă mine, ținându-mă în brațe ca un tată, Ioan Cel Iubit a spus, "Aceasta este realitatea pe Pământ. Aș vrea să pot spune că toți acești micuți vor fi salvați și vor trăi o viață normală, dar tu știi că nu ăsta e adevărul. Iubirea contează și tu tocmai ai observat lucrurile din perspectiva Tatălui, i-ai simțit trăirile emoționale, și ai văzut unul din cele mai pure acte de iubire neegoistă de pe Pământ astăzi. Este greu dar este adevărat și reprezintă o reflexie pământească a lui Isus și a prețului plătit de EL. Poate că oamenii nu îi vor salva pe acești copii dar iubirea curată pe care o exprimă va fi o mărturie în fața multiversurilor (mai multe universuri) în vremurile viitoare. Tatăl are un loc special pentru ei în inima sa, și în ciuda faptului că acum sunt singuri, nu vor cunoaște niciodată singurătatea. În timp ce sunt abandonați vor cunoaște ce înseamnă să fie acceptați. El îi îmbrățișează. El îi încălzește. El îi înfășoară în Milă și Abundență. El îi sărută înainte de culcare și se joacă cu ei în visele lor. Deși nu ÎL văd pe Pământ, ÎL cunosc mai bine decât majoritatea. Ca și copii pe Pământ, existența lor este cumplită, dar puritatea realității lor se află în cer și acei copii care vor reuși să supraviețuiască pe Pământ vor avea o viață plină cu ocazii de a pătrunde într-un nivel de Iubire care va schimba istoria. M-ai întrebat ce contează pentru mine. Aceasta contează pentru mine pentru că este ceea ce contează pentru EL."

Mulțumindu-i scurt, l-am întrebat, "Pot să mai stau aici întins pentru o vreme? Nu trebuie să mă ții în brațe, poți să îmi dai drumul, voi fi bine, am doar nevoie să vorbesc cu Tatăl nostru pentru o vreme."

"Bineînțeles," a răspuns Ioan plin de Iubire, "Voi fi aici când vei fi gata."

"Pot să fiu singur?" am întrebat.

"Sigur că da," mi-a replicat.

"Sunt supărat și o parte din mine te blamează pe tine. Știu că nu tu m-ai făcut să văd totul și că nu ești tu vinovat de tot ce am văzut dar am nevoie de un minut singur ca să mă adun. Îți mulțumesc că mi-ai ținut fața în așa fel încât să văd totul până la sfârșit. Te rog iartă-mă," am spus.

L-am privit așteptând un răspuns. Cel Iubit a zâmbit, " Ești iubit și iertat."

A dispărut. Am respirat adânc și am plâns lung și greu ca niciodată. Mă opream involuntar din când în când să respir, ca să nu mă sufoc. Eram devastat. Nu știam ce să spun sau ce să ÎL întreb pe Tatăl, am închis ochii și am spus, "Isuse, am nevoie de tine."

În clipa în care L-am chemat, m-am aflat în alt loc. Încet, în timp ce deveneam conștient de împrejurări, o liniște blândă a curs peste mine. Începusem să mă liniștesc dar am rămas tot în poziția fătului. Acum mă aflam pe iarbă, nu mai eram pe nisip. În timp ce zăceam pe iarbă, valuri de pace mă spălau ușor și constant, spălând durerea și suferința. Straturile durerii au continuat să fie decojite și am început să simt ne-greșita închinare, adorarea și iubirea în atmosferă. Am știut că mă aflam în Cer în Prezența Lui. După o lungă vreme de odihnă, m-am ridicat și L-am văzut pe Isus stând lângă mine rezemat de un copac. Nu pot descrie în cuvinte confortul și starea de bine pe care le-am simțit când L-am văzut. Era atât de blând și bun. Mulțumit să mă lase să stau oricât aveam nevoie, m-a întrebat, "Pot să îți arăt ceva?"

Dorind să fiu cât mai mult în preajma Lui am răspuns, "Desigur."

"Ia-mă de mână," m-a sfătuit, întinzând mâna spre mine, "Matei 5:4 spune,

"Ferice de cei ce plâng, căci ei vor fi mângâiați!"

"Este important pentru tine să știi că realitatea Cerească este locul din care vei fi alinat cu adevărat și Duhul Sfânt e cel care te va mângâia. Numele lui este Mângâietorul pentru că te aduce la mine și Eu sunt întruchiparea realității Cerești. Realitatea Cerească ar trebui să devină singurul tău mod de a face față atunci când treci prin greutăți. Atunci când alegi realitatea cerească și renunți la realitatea ta, de fapt renunți la viața ta pentru a o primi pe a Mea."

Răspunsul la toate întrebările mele se afla în simplul gest de a ÎL lua de mână. Mi-a transformat plânsul în bucurie. Pășind alături de El pe iarbă a fost cel mai eliberator și vindecător moment pe care mi-l amintesc. Era ca și când nimic nu conta în afara faptului de a fi împreună cu El. Continuând să mergem împreună, am constatat că atmosfera s-a schimbat din adorație, închinare, iubire în înaltă bucurie și râsete din plin. Pe măsură ce mergeam mai departe, atmosfera devenea din ce în ce mai intensă. Linia între a putea merge sau a fi incapabil de a păși din cauza râsului devenise foarte fină și simțeam că ceea ce cauzează această stare se afla dincolo de dealul din fața noastră. Am ajuns în vârful dealului și ne-am oprit pentru un moment. Privind în jos de partea cealaltă, a fost un moment pe care nu îl voi uita niciodată. Râsul meu s-a transformat în strigăte, "DA!!! AM ȘTIUT!!!"

De cealaltă parte a dealului chiar sub mine, se afla sursa bucuriei și a râsului pe care le-am simțit. Copii peste tot! Isus a zâmbit și a râs cu lacrimi de bucurie, "Nici unul nu este uitat. Toți copiii care au venit pe Pământ și au fost respinși fie prin avort sau altă injustiție, vor avea un loc unde să crească în Cer. Acest loc este deosebit, pregătit special pentru ei pentru a avea ocazia să crească și să se maturizeze la fel ca și tine pe Pământ. Doar că ei au cei mai buni învățători și îngrijitori care au trăit pe Pământ. Acum stau aici, dar doar până se maturizează."

Zâmbind contagios, i-am mulțumit lui Isus și L-am îmbrățișat. Privindu-mă cu multă iubire a spus, "Vreau să stau și cu tine dar acum e important ca tu să începi și să continui să construiești relații cu Oamenii în Alb. Tu împreună cu alții trebuie să aveți o mai adâncă revelație a Bisericii Cerești și Bisericii Pământești ca fiind o singură biserică. Relațiile și colaborarea cu ei va fi firească mai devreme decât crezi. Ca de obicei va fi respinsă la început înainte de a deveni normală, să ai răbdare. Te iubesc."

Isus a zâmbit și am fost transportat înapoi pe plajă unde Ioan Cel Iubit mă aștepta cu un zâmbet larg, " Broseph! (prescurtare după Brother Joseph, frate Joseph). Mă bucur să te revăd. Știu că ce ai văzut a fost foarte greu de privit. Mai știu că a meritat. Atâta lume din trupul lui Hristos evită durerea ca pe ciumă pentru că îi obligă să realizeze propria lor durere. Iubirea este cea mai puternică în mijlocul suferinței. Asta nu înseamnă că nu există Iubire fără durere. Există iubire frumoasă, intimă, minunată fără durere, ca un tată care privește în ochii fiicei sale pentru prima dată, sau iubirea mamei pentru fiul ei. Înseamnă că iubirea este exprimată bine în durere pentru că durerea este o realizare acută a neiubirii. Iubirea este neegoistă și este o alegere, deci expresia ei este evidentă într-un mediu egoist și fără iubire. Vreau să îți mai arăt încă un gest de iubire neegoistă. Vrei să îl vezi?"

Înțelegând tot ce mi-a explicat Ioan Cel Iubit, am fost de acord. Punându-mi mâna pe umăr, m-a rugat să privesc din nou spre Pământ. Privind din nou am văzut o scenă diferită. De această dată când am privit am văzut o grămadă imensă de gunoi. Erau oameni care trăiau acolo în grămada de gunoi. Cuvinte ca îngrozitor și dezgustător nu pot descrie condițiile în care trăiau. În acest loc chiar și adolescenții mureau de foame sau deveneau așa de bolnavi încât mureau. Privind mai îndeaproape am zărit un copilaș cam de șase ani care fusese lăsat acolo pentru că părinții lui nu puteau avea grijă de el. Acest copil era flămând tot timpul și nu fusese iubit niciodată. În toate zilele lui de pe Pământ nu a simțit iubirea niciodată. Era pe moarte, probabil mai rezista câteva ore după care era dus. Înțelegând un pic mai mult despre cum funcționează Iubirea și cum înflorește, nefiind capabil să intervin în acea situație, am fost curios ce se va întâmpla. În timp ce priveam, am văzut doi oameni pe care i-aș numi misionari care au intrat în grămada de gunoi și au găsit acest copil. Pășind pe margine înainte de a ajunge la o distanța de unde puteau fi auziți de copil, primul misionar avea multă compasiune. Cel de-al doilea încă învăța, el a spus, "Lasă-l, acesta nu va supraviețui."

Plin de compasiune pentru amândoi, pentru copil și pentru cel de-al doilea misionar, primul misionar l-a privit pe al doilea și i-a spus deschis, "Nu asta e important."

Cel de-al doilea misionar a replicat, "Nu înțeleg ce vrei să spui?"

Primul misionar a spus, "Mi-am dat seama. Uite ce e în inima mea. Acest copil nu a cunoscut niciodată iubirea. În toate zilele vieții lui nu a fost iubit niciodată. Vreau să îl țin în brațe până moare, pentru ca atunci când ajunge în cer vreau ca ultima lui amintire de pe Pământ să fie IUBIREA. Nu va mai avea dureri când va ajunge acolo dar va avea amintiri. De ce să nu fie iubirea, ultima lui amintire."

Înapoi pe plajă cu Ioan Cel Iubit, eram din nou făcut praf. Privindu-mă ca întruchiparea compasiunii, Ioan, cel care este iubit, avea ochii plini de lacrimi, acceptare eternă și grijă din abundență, mi-a spus, "Iubirea contează."

CAPITOLUL 9

"ENOH"

DEZLEGAREA DE PĂMÂNT

Nu mai puteam sta și plânge tot timpul așa că m-am decis să fac o plimbare. Mergând pe malul plajei, apa caldă atingându-mi ușor picioarele am început să simt valuri de energie care mă spălau. Valurile aveau intensități de energie variate și m-au umplut de o plăcere reconfortantă în toată ființa. Oprindu-mă să savurez momentul, am privit din nou spre Pământ la acea armată pe care o văzusem la început. Perspectiva mea asupra 'armatei' a început să se schimbe. Acei oameni nu mai păreau a fi o armată - de fapt nu fuseseră niciodată o armată. 'Armata' era perspectiva mea pământească care acum era complet adumbrită de iubirea pentru 'Fii' și de dorința de a manifesta multiplele aspecte (fețe) ale Tatălui pe Pământ. M-a cuprins o mare bucurie în timp ce priveam. Armata ca întreg ajunsese să înțeleagă faptul că nu puteau continua lucrarea pregătită de Dumnezeu pentru ei de acea parte a vălului. Trebuiau să intre în starea de odihnă. Între 'Fii' exista o stare marcată de ezitare pentru că, prin deciziile luate, ajunseseră la un punct de unde nu se mai puteau întoarce. Era înțelept pentru toți care considerau aceste decizii, să considere toate costurile. În timp ce priveam fiii de pe pământ contemplând aceste decizii, am simțit o putere și o slavă enormă, aproape paralizantă, apropiindu-se de mine, venind din spate. M-am întors și am văzut ceva ciudat și greu de descris. Era Enoh. Singurul mod prin care am putut să știu cine este a fost în inima mea pentru că nu îi puteam identifica aspectul exterior. Era întruchiparea iubirii dar pâlpâia între dimensiuni atât de repede încât era greu de perceput. De fiecare dată când ne aflăm în cer și stăm lângă ceva sau cineva care are putere dincolo de capacitatea noastră de a înțelege, este chiar înspăimântător pentru că realizăm faptul că nu suntem noi în control. Acesta era unul din acele momente. Stând lângă mine, a respirat adânc și a spus, "Am investit atât de mult în generația ta și sunt tare bucuros gândindu-mă la ce urmează pentru noi toți. Este cu adevărat un timp cum nu s-a mai văzut."

În timp ce Enoh vorbea, câțiva din fiii de pe pământ au început să decidă să facă pasul tranziției. În acea clipă se aflau instantaneu cu noi pe plajă. Când toți cei care au decis să facă pasul de această parte a vălului unde ne aflam noi, am format un cerc împreună cu Enoh. El a vorbit primul, "Vreau să vă învăț pe toți cum să trăiți o viață transcendentă și cum să fiți eliberați de condiția voastră umană. De acum nu voi mai folosi cuvinte așa cum sunteți obișnuiți să înțelegeți. Voi folosi lumina pentru a comunica și voi va trebui să descifrați mesajul conținut de lumină. Fiecare conversație și fiecare răspuns la toate întrebările voastre vor fi conținute în lumină. Sunt aici ca să vă ajut. Sunteți gata?"

Oamenii care apăruseră pe plajă nu păreau așa de speriați de apariția lui Enoh, cum eram eu, și mi-am amintit că Cerul este multidimensional. Brusc, o rază de lumină a ieșit din trupul lui Enoh, s-a împărțit în toate direcțiile necesare și ne-a lovit pe fiecare în piept. În momentul în care am fost atinși de lumină, ceilalți s-au întors pe Pământ și am rămas singur cu Enoh. M-am întrebat în sinea mea, "De ce să comunicăm prin lumină și nu prin viu grai?"

Enoh a zâmbit și a răspuns întrebării mele din gând, în gândul lui, "Ca să îți răspund la întrebare, îți vorbesc în gând și prin lumină pentru că trebuie să descoperi tot ce este disponibil. În curând toată comunicarea va fi prin lumină. Chiar și pe Pământ puteți comunica așa. Este timpul ca voi să începeți să despachetați lumina. Știi deja cum să o faci, deci începe. Este timpul să te concentrezi mai bine."

I-am mulțumit lui Enoh și a dispărut în altă dimensiune. Am

respirat adânc și mi-am concentrat atenția și dorința spre lumina din interior pe care tocmai o primisem. Am râs în sinea mea amintindu-mi că Cerul se află în interior și că avem acces liber prin Isus. Prin credință, în timp ce mi-am concentrat atenția spre interiorul meu, am intrat în rezonanța iubirii manifestate ca lumină în ceea ce am primit de la Enoh. Din inimă, din interior, am îmbrățișat-o strâns, permițând rezonanței iubirii care era deja în mine (ca rezultat al realizării că Isus m-a iubit primul) să reacționeze cu cea pe care tocmai o primisem. În clipa în care am început, dorințele Tatălui au început să fie dezvăluite în mine, desfășurând ceea ce puteam descrie a fi o serie de conversații cu Enoh și revelații despre cum să fiu dezlegat (eliberat spiritual) de Pământ. Aceste conversații și revelații vor fi pentru mine începutul trăirii unei vieți transcendente, descătușat de Pământ și eliberat de limitele umane – exact cum a spus Enoh. Nu exista o anumită ordine a importanței conversațiilor, dar le puteam vedea pe toate în același timp. De asemenea puteam să mă conectez la toate în același timp, totuși pentru că aveam creierul deja puțin prăjit și eram încă sub influența ultimei întâlniri, am decis să le abordez pe rând de la stânga la dreapta. Când le-am accesat m-am aflat imediat înapoi pe plajă cu Enoh. Derutat, am întrebat, "Cum se face că mă aflu din nou aici; am abordat totul din interior și tu tocmai ai dispărut chiar înainte de a începe. Mă simt ca un cățeluș care înclină capul într-o parte."

Enoh a râs din plin, "Sunt multe căi de acces în Ceruri și tu tocmai ai învățat o cale nouă. Sunt multe cărări dar o singură ușă prin care trebuie să treci. Isus este ușa prin care intri, nu altcineva. Acum, vom vorbi despre manifestarea a ceea ce ai accesat în acel glob de lumină pe care l-ai primit de la mine. Îți vorbesc în această manieră pentru că aceasta reprezintă 'descoperirea mesajului în interiorul tău' și ai nevoie să înțelegi acest proces. În curând acești pași nu vor mai fi necesari pentru că vei putea despacheta, asimila și acționa în acord cu revelația primită prin intenție, imediat. Ce vom discuta acum nu e o formulă. Începe doar să descopere cum arată procesul de eliberare de Pământ și de limitele umane. Atunci când vei înțelege acest proces și vei vedea cum arată, îl vei putea accesa singur și se va manifesta instantaneu."

"Primul lucru despre care vreau să discutăm este eliberarea de frecvențele care te țin legat de Pământ. Ai vorbit cu alții în trecut despre ce înseamnă a fi legat de Pământ, așa că doresc să elaborez puțin mai mult acest subiect. Pământul, la fel ca orice altă stea sau planetă, emite o frecvență și un sunet. Frecvența și sunetul Pământului sunt în tine, în jurul tău și trece prin tine. Asta de întâmplă de la căderea lumii. În primul rând trebuie ca prin credință să te eliberezi de frecvența pământului din jurul tău și să te muți spre interiorul tău. Vrem ca toate părțile din tine, inclusiv trupul, să nu fie legate de Pământ. Vorbind despre a fi legat de Pământ, trebuie să discutăm despre scopul suferinței. Durerea, suferința este misterioasă. Atunci când apar evenimente dureroase în viață, acestea pot produce unul din cele două efecte. Primul efect este de a deveni puternic legat de Pământ. Unii oameni trăiesc așa și e nevoie de ani de zile pentru a fi eliberați. Tatăl poate folosi și această situație. Cel de-al doilea efect pe care îl poate avea suferința este de a te propulsa în puterea învierii. E alegerea ta tot timpul. Pe măsură ce vei continua să experimentezi momente dureroase în viața ta, vei ajunge să cunoști "părtășia suferinței Lui" și te vor duce la "puterea învierii Lui" (Filipeni 3:10). Puțini aleg cel de-al doilea efect dar Tatăl se bucură să ia lucrurile care au fost menite să te distrugă și să le folosească pentru salvarea ta și a altora. În Matei 5:10 spune,

" Ferice de cei prigoniți din pricina neprihănirii, căci a lor este Împărăția cerurilor!"

"Aceasta este invitația de a realiza tot ce ți s-a oferit atunci când ai ales să folosești durerea ca pe un catalizator care să te propulseze în intimitate cu Tatăl."

Am încercat să mă gândesc să spun ceva inteligent dar singurul lucru care a ieșit a fost, "Wow."

Enoh a continuat, "Apoi, sunt atât de multe aspecte din viețile oamenilor, unde ei cred că au primit ceva din cauza căderii lumii, că așa sunt făcuți și pentru asta sunt făcuți. De exemplu, sunt condiții pe care le dezvolți de-a lungul vieții, care nu au nimic în comun cu felul în care ai fost creat. Uite de exemplu a fi introvertit sau extrovertit. Nu ai fost creat pentru aceste două moduri. Ai fost creat să iubești. Unul primește energie pentru a putea iubi fiind singur iar celălalt primește energie pentru a putea iubi fiind împreună cu alții. Nici una din aceste variante nu vine de la Tatăl. Este timpul să schimbi introvertirea cu puterea Lui, pentru a putea iubi cu adevărat. Acest exercițiu de schimb al condiției tale umane pentru iubirea Lui te va ajuta.

"Următorul lucru despre care vreau să îți vorbesc este legat de darurile tale. Sunt atât de mulți oameni pe Pământ a căror identitate este strâns legată de talentele și darurile lor și nu de faptul că sunt fii de Dumnezeu. Când această eră se sfârșește și începe o noua eră, darurile care ți-au fost date nu vor mai fi necesare și vor fi luate. Cu ce vei rămâne atunci?"

Am răspuns cât de sincer am putut, "Sincer să fiu, nu vreau să mă gândesc la asta, pentru că probabil răspunsul este, nu cu mult."

Enoh mi-a răspuns, "Vei avea mai mult decât crezi, dar ideea e că relația ta cu Tatăl se bazează pe lucruri legate de inimă, nu de daruri. Se bazează pe iubire și atâta timp cât identitatea ta este înfășurată în darurile tale, nu vei progresa în relația ta cu Dumnezeu și în caracter. Nu spun că darurile sunt neimportante și nu își au locul. Au locul lor în Biserica de pe Pământ. Ceea ce vreau să spun este că vine un timp în dezvoltarea ta, când trebuie să renunți la daruri pentru a merge mai departe în iubire și pentru a te alătura Bisericii Cerești, funcționând ca Fiu. În Cer nu sunt profeți. Nu există daruri spirituale în Cer. Întrebarea e legată în totalitate de punctul tău de acces. Stai pe Pământ şi vorbeşti despre cum este Dumnezeu, sau cobori din Cer şi aduci Cerul cu tine pe Pământ. Când vi din Cer nu vorbeşti despre nimic ci devii tot ce ai fost creat să fi şi transformi totul în calea ta."

Adevărul era atât de greu de acceptat încât m-a scos din această întâlnire şi m-am aflat din nou în fotoliul meu pe Pământ. Întrebările din interiorul meu îmi distrăgeau atenția și majoritatea nu erau despre mine. Eram obişnuit să fiu în locuri în care erai celebrat pentru darurile tale şi ce mi-a spus Enoh m-a dezumflat. Eu chiar eram gata să renunț la darurile mele - dar cum să le spun prietenilor apropiați și unor oameni pe care îi iubesc și care au investit treizeci de ani în daruri (chiar şi-au bazat misiunea lor pe ele) că există o cale mai bună. O cale care necesită ca ei să renunțe la tot. Vor pierde toate darurile şi vor pierde prieteni. Apoi ce se întâmplă cu tot ce am investit?

Brusc, Isus a apărut pe canapeaua opusă fotoliului meu. "Bună Joseph," a spus.

"Sunt derutat," am răspuns.

M-a privit cu o privire de 'iubire dură' şi mi-a răspuns pe un ton la fel, "Enoh ți-a spus că darurile au locul lor; îl au. Restul întrebărilor tale sunt înrădăcinate în frica de oameni şi victimizare. Avem lucruri mai bune de făcut şi eşti bine echipat ca să rezolvi această situație. Puritatea a făcut o declarație înțeleaptă când a spus, "Mai bine să fi novice în nou decât expert în vechi." Vor fi doar câțiva care vor alege să meargă mai departe, dar este la fel cu toate lucrurile făcute pe pământ. De multe ori cei care au prins ultimul val rezistă schimbării. Asta nu e problema ta acum. Mergi mai departe și maturizează-te."

În astfel de momente Îi apreciez franchețea. Nu a fost plăcut, era nevoie de puțin mai multă maturitate. A fi pe plac în astfel de situații înseamnă lipsă de putere și Isus nu are de-a face cu așa ceva. El este bun și amabil dincolo de imaginația noastră, dar nu se va roti pe jos să fie plăcut, fabricând scuze în zone în care trebuie să ne schimbăm. Nu voiam să fiu tratat ca un bebeluș; 'iubire' și 'dură' se potrivesc uneori în aceiași propoziție.

"Mulțumesc, ceea ce mi-ai spus m-a alinat și inima îmi e bine pregătită acum să merg mai departe. Deci din nou, mulțumesc," am spus eu.

Isus a zâmbit și a dispărut.

Emoționat, am re-accesat lumina din mine și m-am aflat din nou pe plajă cu Enoh. I-am spus că sunt pregătit să progresăm și el a continuat de unde rămăsese, "Renunțarea la daruri este una din funcțiile prin care ne eliberăm de ceea ce ne ține legați de Pământ. Și darurile spirituale vor trece odată cu această eră.

Ultimul lucru despre care vreau să îți vorbesc este cel mai bun și cel mai eliberator lucru despre care am vorbit cu tine până acum. Te-ai descurcat foarte bine până acum. Unul din cele mai profunde lucruri la care poți începe să renunți spre transformare, este poziția ta. Ești așezat în Cer. Nu e nevoie să tragi în jos lucrurile cerești, de fapt ar trebui să administrezi ceea ce deja ți-a fost dat. Este timpul tranziției de la a primi din Cer spre a deveni sursa energetică cuantică a Cerului. Este timpul să devii sursa inepuizabilă. Atâta timp cât aștepți să primești ceva din Cer, nu vei trece la a deveni resursa cerească pentru Pământ, și vei fi legat de Pământ astfel. Este timpul să renunți la modul de gândire în care primești lucruri de le Dumnezeu pe Pământ. Renunță la fiecare revelație pe care ai primit-o despre El și natura Lui, de partea pământească a vălului pentru că te leagă de Pământ. Nu îți cer să renunți la salvare. Este stabilit; Isus este Calea. Ceea ce spun este că de fiecare dată când primești ceva din Cer, este filtrat prin ceea ce deja crezi și știi despre El. A venit timpul să renunți la tot ce ai învățat despre Dumnezeu în timp ce nu ai fost de această parte a vălului, partea cerească. Inițial, creșterea în El este legată de a renunța la părți ale filtrului format de ceea ce ți se întâmplă în viață. Vei ajunge eventual să distrugi acest filtru și să renunți la revelația primită pe pământ, începând din nou ca și Apostolul Pavel, cunoscându-L doar pe Hristos, pe El crucificat. Trebuie să fim ceea ce am învățat în Cer și atunci devenim resursa cerească pe Pământ."

Puterea și autoritatea emanate din cele spuse de Enoh erau copleșitoare. Mi-am deschis gura să vorbesc dar nu am putut scoate nici un cuvânt. Gândul și onoarea acordată cuiva invitat să devină sursa cerească pe Pământ prin ceea ce au învățat de la El în Cer, era mai mult decât puteam cuprinde – și este oferită tuturor. Pentru ca Trupul lui Hristos să fie dăruit individual cu încrederea lui Dumnezeu cel atotputernic, care are oameni ca Enoh și sfinții din trecut supuși dorinței și comenzii Lui, pentru a crește până când Cerul este sursa, era o onoare care îmi depășea capacitatea de înțelegere. Nu știam ce să fac, să plâng sau să îngenunchez, așa că le-am făcut pe amândouă și am sfârșit ruinat pe nisip cu lacrimi de bucurie simțind o iubire vibrând în mine pe care nici acum nu o cuprind. Am zăcut acolo în bucurie mult, mult timp.

După ce am avut destul timp să mă adun, m-am ridicat și l-am văzut pe Enoh stând lângă mine pe nisip. Părea foarte plăcut și mulțumit să stea în liniște. Am stat unul lângă altul bucurându-ne de liniște, ascultând valurile oceanului pentru o vreme. După o bucată de vreme am început să mă rog, "Tată, te iubesc. Îți mulțumesc pentru bunătate și milă. Tată, prin credință vreau să încep să renunț la ceea ce mă leagă de pământ, să înțeleg în inima mea aceste lucruri am nevoie de ajutor. Te rog ajută-mă."

Enoh m-a întrerupt. "Comuniunea este un punct bun de început."

Zâmbind, am răspuns, "Da, așa arată ajutorul. Mulțumesc. Cum fac asta de această parte a vălului?"

Enoh a răspuns, "Depinde de credința ta. Poți să mergi de partea cealaltă (Pământ), ia acele elemente (simbolurile trupului și sângelui lui Isus) și adu-le aici cu tine dacă vrei. În momentul în care acele elemente ating vălul, se vor transforma în trupul și sângele lui Isus. O altă opțiune este să mergi pe una din platformele de schimb (unde renunțăm la ce e pământesc pentru a primi ceea ce e ceresc). Trupul lui Isus și sângele lui Isus sunt astfel de platforme și mai sunt multe altele. Apoi poți să aplici schimbarea prin credință oriunde te-ai afla, chiar aici de exemplu, atâta timp cât faci schimb cu sângele și trupul lui Isus. Fiecare începe undeva și credința ta e mai importantă decât unde și cum iei comuniunea."

"Mulțumesc," am răspuns.

Concentrându-mă, am continuat, "Bine Tată. Îți mulțumesc pentru ajutor. Prin credință pășesc pe platformele de schimbare corecte, în locurile corecte. Isuse, îmi doresc să fiu eliberat de orice legătură cu Pământul așa că te rog să îmi arăți acele zone în care sunt legat. Prin credință vreau să renunț la darurile mele dar înainte de asta vreau să fiu sincer și vulnerabil față de Tine în ceea ce privește renunțarea la daruri. Uneori am folosit darurile de la Tine din interes personal, alteori mi-am folosit darurile ca să mă apăr. Am folosit darurile Tale pentru propria avansare și i-am condus pe oameni către mine în loc să îi aduc la Tine. Nu cred că am făcut-o în chip malițios, dar au fost momente când am realizat că o fac din autoconservare și nu mi-a păsat. A fost o lipsă de caracter."

Am început să plâng și am închis ochii, "Isuse, unul din motivele pentru care nu am vrut să renunț la daruri a fost tocmai nevoia de a recunoaște aceste lucruri. Da, a fost frica de oameni, dar dacă e să fiu complet sincer, există în inima mea părți care încă nu cred că Tu, Tatăl sau altcineva sunteți destul de buni să mă iertați. Îmi vine greu să am încredere în voi și să vă predau acele părți ale inimii mele, chiar dacă știu că le vedeți. Mintea mea știe că Tu ești bun dar nu e la fel cu toată inima mea, există părți în inima mea care cred că iubirea ta se bazează pe faptele mele. Am crezut că întâlnirea din norul întunecat* a rezolvat această problemă de neîncredere – dar iată-ne aici. Așa că, iată-mă. Îmi pare așa de rău. Vreau să renunț la darurile mele de la Tine. Le-am ales pe ele în loc să aleg Iubirea. Iartă-mă. Ia-le. Tot ce îmi doresc în schimb ești Tu. Cu orice preț."

Mi-am deschis ochii plini de lacrimi pe plajă, am simțit cum grația darurilor cerești avute s-a ridicat de pe mine ca și când mi-aș fi scos un pulover cu glugă. Brusc am pierdut cam șaizeci la sută din claritatea cu care vedeam în spirit și totul a devenit neclar. Acest loc limpede, frumos, de care m-am bucurat până acum a devenit o încurcătură confuză în ochii mei adumbriți. Cu groază am realizat că mare parte din abilitatea mea de a vedea în spirit și a accesa Cerul nu venea din identitatea mea de Fiu ci din darurile cerești date mie – daruri care vor fi luate oricum la sfârșitul aceste ere.

Privind în jur, speram să găsesc un prieten, Enoh plecase și mă aflam singur într-un loc care obișnuia să fie o plajă. Odihnindu-mă în bunătatea lui Dumnezeu în care am învățat să am încredere, am respirat adânc. Am început să mă încurajez, "Doamne, Tu ești minunat. Te iubesc, Te iubesc, Te iubesc și am adâncă încredere în Tine. Îți mulțumesc pentru bunătatea și mila Ta. Orice tocmai s-a întâmplat și motivul pentru care e așa, mă poate duce doar mai aproape de Tine."

Am continuat să Îi mulțumesc și să Îl laud pentru câteva minute. Când am tăcut, am auzit pe cineva și abia am perceput neclar, transparent, figura cuiva la distanță. Acest astigmatism în Spirit nu era deloc plăcut. Pe măsură ce se apropia, am simțit un foc în inimă. Era Isus. Nu exista altă prezență în Univers care putea să îmi facă inima arzând așa. Focul nu era dureros, era focul dorului. Când a ajuns cam la 3 metrii de mine i-am putut vedea ochii și am pășit spre El să Îl îmbrățișez. M-am ghemuit la pieptul Lui și i-am simțit barba în părul meu. După o îmbrățișare lungă, mi-a dat drumul, m-a privit direct în ochi și mi-a spus, "Bine ai făcut, acum poți fi ghidat de iubire. Iubirea îți va restaura vederea și te va duce în locuri de claritate și cunoaștere pe care nu ți le-ai fi putut imagina."

Isus era întruchiparea iubirii. Vederea începuse să mi se limpezească, auzindu-i vocea și fiind în preajma Lui. M-am simțit ca un copil care învață să meargă, dar prezența Lui era complet îndestulătoare. În timp ce stăteam împreună, m-am adresat Lui, "Hei. Asta e ceva nou. Pot să te întreb ceva?"

"Desigur," a răspuns.

"Poți să elaborezi subiectul 'filtrului' te rog?" am întrebat.

Isus a replicat, "Este diferența între a fi în Cer și a privi în jos și a fi pe Pământ și a privi în sus. Când ești în Cer și privești în jos, poți vedea toate lucrurile și nimic nu îți stă în cale. Când ești pe Pământ privind în sus, tot ce percepi trece printr-un filtru format din multe lucruri. Unele din aceste lucruri sunt simple, de exemplu ceea ce înțelegi tu din Biblie (nu Biblia în sine), altele sunt mai complexe, de exemplu mediul în care ai crescut. Majoritatea filtrului se află în ADN-ul tău. Indiferent de părțile filtrului prin care vezi, nu vei putea niciodată să vezi clar cine sunt și cine e Tatăl dacă ne percepi printr-un filtru. Dacă dorești să progresezi în relația cu Noi, filtrul din mintea ta trebuie judecat și tu trebuie să te depărtezi de tot ceea ce ai crezut că ai înțeles. De aici înainte, dacă nu ai învățat ceva de partea cerească a vălului, trebuie aruncat. În timp ce crești vei descoperi lucruri similare cu ceea ce ai crezut că ai înțeles, dar trebuie să de debarasezi chiar și de comparații. Începe din nou ca un copil."

Zâmbind ușurat am spus, "Asta sună a odihnă."

Mi-a răspuns cu multă iubire, "E calea cea mai bună."

Trecerea prin ADN-ul meu ca înainte și aducerea acelor zone de filtru să fie judecate și vindecate, devenise mai ușoară. De asemenea am cerut prin credință ca filtrul din mintea mea să fie judecat. Acest proces a durat ceva timp și Isus a fost cu minte pe tot parcursul. Când am terminat, am privit în sus și L-am văzut. El era Salvatorul meu. Iubirea mea. Cel din care izvora și se odihnea toată speranța și bucuria mea. Isus Hristos, uns ca Rege al Regilor. Singura ușă și poartă spre Tatăl. Cel care a fost crucificat dinaintea facerii lumii. Dumnezeul/Om a cărui viață, moarte, îngropare, înviere și înălțare, a adus salvarea omenirii. Și, tocmai Îl întâlneam pentru prima oară... din nou.

*norul întunecat : vezi ultimul capitol, "Încălțămintea" din prima carte a lui Joseph; "Cronicile unui văzător".

Einstein

CAPITOLUL 10

"EINSTEIN"

CĂI DE MANIFESTARE ALE CERULUI PE PĂMÂNT

Stând întins în pat (pe Pământ), mi-am închis ochii și am început să accesez Cerul înainte de a aluneca în țara de nicăieri (a adormi). Am descoperit că este cel mai eficient mod de a accesa Cerul când mintea conștientă nu este activă. În timp ce am început să accesez Cerul, mintea mea conștientă a încetat să funcționeze și am adormit. Exact în acel moment mi-am părăsit trupul și am început să mă ridic trecând prin ținuturi, dimensiuni și întuneric creativ ajungând într-o cămăruță cu scaune confortabile. În fața mea, cu cea mai blândă și iubitoare privire, stătea Albert Einstein. Avea un zâmbet șugubăț pe față și părea să fie acel tip de om pe care vrei să îl îmbrățișezi cu drag. Era înconjurat și scufundat în știință care inspira venerație. Era evident că el este un om onorat în Cer. Era întruchiparea blândeții și cunoștinței. De asemenea Frica de Domnul nu era departe. Einstein a început, "Hei Joseph, vreau să îți vorbesc despre căile creierului, căile Minții lui Hristos, cele șapte Spirite ale lui Dumnezeu și despre Locul de Odihnă."

"Sunt multe de discutat," am spus.

Einstein a continuat, "Sunt multe pentru tine de reținut dacă îți folosești calea creierului. Va fi imposibil dacă încerci să prelucrezi această informație în creierul tău, în loc de Mintea lui Hristos cu ajutorul Cunoștinței și Înțelegerii, folosind căile create pentru beneficiul și avansarea ta. De fapt este doar o cantitate microscopică de informație pe care deja o știi. Este timpul să începi să trăiești dintr-un loc mai înalt. Ceea ce vei învăța va fi o piatră de construcție."

"Grozav!" am răspuns.

Einstein era mulțumit, "Este o adevărată onoare să fi implicat în generația voastră și să iei parte la eliberarea cunoștinței pe Pământ."

Emoționat, am răspuns, "E o onoare să stau aici cu tine. Dorința mea e să te reprezint bine. Te rog continuă să mă înveți."

Einstein a continuat, "Aceste lucruri pe care le voi menționa împreună, formează structura prin care revelația vine din dimensiunea spirituală și se manifestă în viața ta naturală. Sunt patru straturi despre care trebuie să discutăm. Primul strat despre care vreau să vorbim este Locul de Odihnă. Locul de Odihnă ar trebui să fie punctul de plecare pentru toată lumea. Este locul din care avem acces să guvernăm totul în viețile noastre. Locul de Odihnă este punctul de început al atotcunoașterii, a Minții lui Hristos. Dacă încerci să accesezi Mintea lui Hristos din afara Locului de Odihnă, îți va fi foarte greu. Vom vorbi despre asta mai târziu. Atotcunoașterea, parte a Minții lui Hristos este guvernată de cele Șapte Spirite ale lui Dumnezeu. Ele ne sunt tutori și administrează toată cunoașterea. Din Locul de Odihnă poți să accesezi fiecare Spirit pe rând sau întregul consiliu al lui Dumnezeu în orice subiect. Aceasta este parte a moștenirii tale ca Fiu și ai acces la ea tot timpul. Măsura de acces este direct reflectată de cât de mult poți să intri și să rămâi în Odihnă (liniște interioară). Din locul de Odihnă și cele Șapte Spirite ale lui Dumnezeu există căi prin diferite dimensiuni care duc la viața ta naturală. Pentru scopul de a te învăța și a-ți arăta cum funcționează, le voi separa în căi ale Minții lui Hristos și căi ale creierului. Sunt cinci căi, dar deoarece le-am separat pe cele două de sus, vor părea zece. Fii atent."

"Căile despre care vom vorbi sunt cărări, nu porți. Informația poate curge și le poți aborda din ambele direcții. Înainte de vorbi despre ce sunt aceste căi, trebuie să știi cu arată. Sunt căi distincte dar toate sunt aliniate și înconjurate de ceva. Când călătorești din Locul de Odihnă – din Mintea lui Hristos – spre creierul tău – spre viața ta naturală, tu călătorești în diferite dimensiuni. Aceste căi trec nestingherite dintr-o dimensiune în alta. Podul pe care circulă informația este o împletitură de lucruri adevărate, nobile, drepte, pure, minunate, conțin vești bune, conțin virtute și lucruri demne de lăudat. Aceste atribute trasează calea. Le poți găsi în Filipeni 4:8. Fiecare cale despre care vom vorbi este înconjurată pe parcursul ei de aceste atribute și funcționează între dimensiuni cuplate la multiple dimensiuni compuse de aceste atribute. În timp ce acestea sunt idei și adevăruri care formează o cale, dacă dorești să știi mai multe lucruri despre ele, află că ele sunt și ființe angelice. Ai cunoscut 'Puritatea'. 'Minunat' este o ființă care iubește tot ce e deosebit de frumos în Cer. Vei învăța de la ea foarte multe lucruri despre tine însuți din perspectiva Tatălui.

"Prima cale despre care vreau să îți vorbesc este "Dorința și Expectativa". Acestea sunt înrădăcinate în Mintea lui Hristos și sunt un punct de acces pentru fluxul revelației și informației. Dorința este a vrea ca ceva să se întâmple. Expectativa este o încredere puternică în faptul că acel ceva se va întâmpla. Acestea două sunt ancorate în Mintea lui Hristos formând o cale prin care revelația curge din acea dimensiune în creierul tău. Punctul de conexiune al acestora în creierul tău este credința. Scopul este ca tu, din locul de odihnă, să accesezi Mintea lui Hristos (sub guvernul celor Șapte Spirite) care conține Plinătatea Cunoașterii și Inima Tatălui în orice situație, pentru a deține perspectiva și cunoașterea Cerului. După ce ai primit această informație și îi permiți să îți modeleze dorințele și așteptările, ele trec de-a lungul căii spre creierul tău configurându-ți credința. Credința creată va începe să modeleze lumea din jurul tău cât și felul în care tu privești lumea. Dorința și Expectativa Cerului primite în locul de odihnă în Mintea lui Hristos, sub guvernarea mărturiei celor Șapte Spirite, este felul în care ar trebui formată întreaga ta credință.

"Cea de-a doua cale despre care vreau să îți vorbesc este 'Bucuria și Izbânda'. Bucuria și Izbânda formează și ele o cale înrădăcinată în Mintea lui Hristos. Bucuria și Izbânda se duc întotdeauna una spre alta. Când apare Izbânda, vine Bucuria. Când apare Bucuria, vine Izbânda. Când accesezi Mintea lui Hristos, ambele se manifestă simultan în mintea și în inima ta. Vor călători împreună de-a lungul acestei căi spre creierul tău. Când ajung la creier interacționează cu emoțiile tale cauzând imensă Bucurie și Izbândă emoțională care e eliberată în jurul tău, în lumea ta naturală. Bucuria și Izbânda în Mintea lui Hristos traversează în emoții, în creierul tău. Bucuria și Izbânda Cerului primite în locul de odihnă în Mintea lui Hristos, sub guvernarea mărturiei celor Șapte Spirite, este felul în care emoțiile ar trebui formate.

Încolo, fraţii mei, tot ce este adevărat, tot ce este vrednic de cinste, tot ce este drept, tot ce este curat, tot ce este vrednic de iubit, tot ce este vrednic de primit, orice faptă bună şi orice laudă, aceea să vă însufleţească.
Filipeni 4:8

Mintea lui Hristos este atotcunoasterea interioara

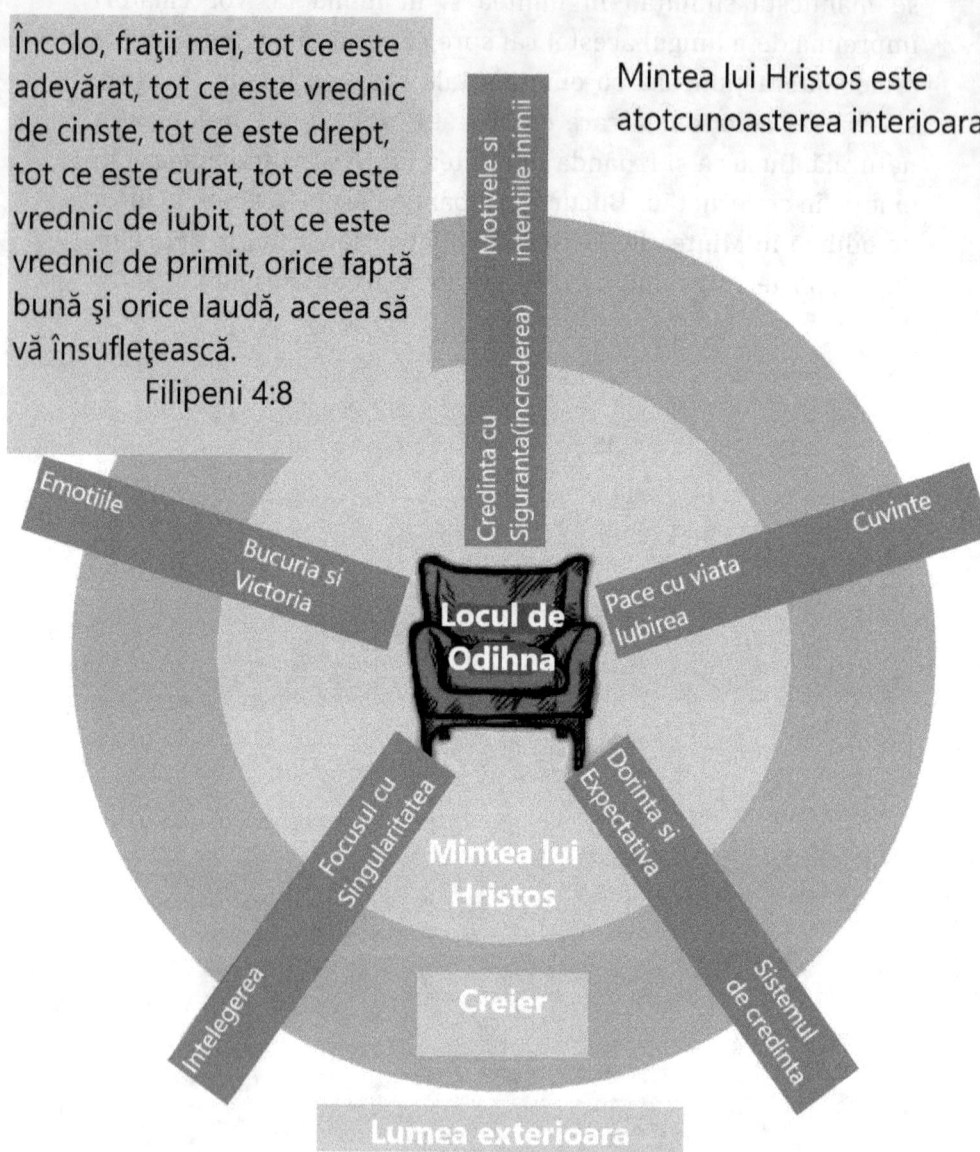

Căile sunt aliniate cu virtuțile descrise în Filipeni 4:8. Aceste virtuții creează un pod intra- dimensional.

*Mintea lui Hristos conține: Accesul; Atotcunoașterea Interioară; Autoritatea; Mărturia celor Șapte Spirite ale lui Dumnezeu.

" Cea de-a treia cale este 'Focus cu Singularitate'. Focusul și Singularitatea nu pot exista separat. Ne conectăm la ceea ce luăm în focus dar dacă focusul nu e singular, atunci ni se distrage atenția. Este o cale importantă în Mintea lui Hristos, fiind un punct de acces din Odihnă, de unde ne concentrăm asupra lucrurilor de sus (cerești). Focusul nostru Singular este 'sus'. Mintea lui Hristos se află în această categorie. Trebuie să permitem Minții lui Hristos să ne modeleze Focusul Singular. Din Mintea lui Hristos, Focusul Singular ajunge în creier pe calea înțelegerii. Cu ajutorul Focusului Singular primim claritatea completă pentru a putea înțelege ceea ce ne este comunicat din Mintea lui Hristos în Odihnă. Acesta asigură formarea înțelegerii noastre din Mintea lui Hristos și inima Tatălui în viețile noastre cotidiene."

"Cea de-a patra cale despre care vreau să îți vorbesc este "Credința cu Siguranța". Ai vorbit în trecut cu mulți oameni despre Credință. Nivelul tău de siguranță este direct proporțional cu Credința ta. Acestea două sunt inseparabile și duc la acea parte a creierului legată de motivația și intenția faptelor. Din Odihnă, Credința și Siguranța noastră vor modela motivele și intențiile inimii noastre în acțiuni fizice (fapte) care sunt născute din Mintea lui Hristos."

"Ultima cale despre care vreau să îți vorbesc este "Pacea cu Viața". Pacea cu Viața sunt inseparabile în Mintea lui Hristos pentru ca sunt un produs al Odihnei. Din Odihnă accesăm Mintea lui Hristos, revelația și informația primită călătorește de-a lungul căii Păcii și Vieții în acea parte a creierului care formează cuvintele. Atunci declarăm Mintea lui Hristos și voia inimii Tatălui în orice situație a noastră."

"Trebuie să știi câteva lucruri. Informația poate călători în ambele sensuri pe aceste căi. De când te-ai născut, ai fost învățat că informația vine din afară în interior, nu din interior în afară. Toată lumea la un moment dat a folosit circumstanțele exterioare pentru a încerca să pătrundă în Mintea lui Hristos într-o anumită situație. Atunci folosim circumstanțele exterioare pentru a ne construi sistemul nostru de credință. Odată ce sistemul nostru de credință este format, îl testăm și ținem pe Dumnezeu legat de dorințele și așteptările noastre bazate pe un sistem de credință care nu vine de la EL. Aceste dorințe și așteptări vin din exterior, dintr-o direcție greșită. Așa ajungem să mergem înapoi pe o cale. Nu funcționează dar este conectată la Mintea lui Hristos, așa ca uneori oamenii ajung destul de departe pe această cale (chiar dacă circulă în direcția greșită) încât pot să vadă Mintea lui Hristos într-o anumită situație – ceea ce le aduce liniștea necesară, intră în Odihnă și apoi pot accesa Mintea lui Hristos în mod corect. Ideea e că tot timpul cât merg în direcția greșită, formulează un sistem de credință fals legat de cine este Dumnezeu și cum operează El. Deci primul lucru de care trebuie să te ocupi în momentul în care ai accesat Locul de Odihnă este să scapi de toate minciunile pe care le crezi, pentru că ai operat în direcția greșită. Este ceea ce ai făcut când ai cerut să fie judecată toată revelația primită despre Dumnezeu pe Pământ (nu în Cer)."

Încă o dată rămăsesem fără cuvinte. Nu aveam nimic de întrebat. M-am simțit onorat dincolo de cea mai bogată imaginație. Einstein m-a privit și mi-a spus, "Onoarea îmi aparține."

Einstein a dispărut și m-am trezit.

CAPITOLUL 11

"DANIEL"

PUTEREA CREATOARE

Onorat dincolo de orice așteptări, am stat opt zile acasă incapabil de a face ceva, copleșit și captivat de minunăție și venerație, uimit de înțelepciunea și vastitatea Tatălui. Este cu adevărat nemăsurată. După cele opt zile, pe măsură ce greutatea prezenței divine a început să se ridice, am decis că ar trebui să ies puțin la aer curat. Locuiesc în Birmingham, Alabama și sunt puțin subiectiv când e vorba de frumusețea orașului meu. Am decis să aleg unul din frumoasele trasee și să pornesc la plimbare sperând să revin pe Pământ un pic mai mult. După ce am mers vreme de o oră, am găsit o masă de picnic și am decis să mă odihnesc, m-am așezat privind peisajul și oamenii. Banca părea a fi dintr-o școală veche, cioplită din lemn, probabil veche de treizeci de ani. Ar fi arătat ca nouă după o spălare meticuloasă cu apă sub presiune. Am luat loc și am început să admir frumusețea creației din jurul meu. Admirând frumusețea naturii din jur m-a făcut să meditez în interior la frumusețea Cerului. Este incomparabilă. Admirând frumusețea Cerului mi-a copleșit simțurile și în mod instant nu mă mai aflam la masa de lemn ci înapoi pe plaja din Cer. Singurul lucru pe care puteam să îl fac era să râd din plin. Bucuria a trecut peste mine ca un vânt și aventura urma să continue!

Se părea ca nu vine nimeni spre mine așa că m-am decis să merg spre poartă și să văd dacă ar fi bine să trec prin ea. Nu s-a întâmplat nimic așa că, știind ce am făcut înainte, am decis să trec prin poartă din nou. Imediat m-am aflat în afara atmosferei Pământului, în același spațiu dimensional în care l-am întâlnit pe Ezechiel. În timp ce stăteam deasupra Pământului încercând să asimilez totul, a apărut lângă mine Daniel. Era însoțit de o armată de îngeri care păreau foarte determinați. Când Daniel se afla 'în poziție', s-a întors spre mine și mi-a spus, "Există anumite mandate pe care anumiți oameni le vor îndeplini. Mandatul pe care sunt gata să îl eliberez este destinat tuturor Fiilor și a venit timpul ca voi toți să pășiți în el."

Când a terminat, Daniel a scos din el însuși un sul. Avea pecetea ruptă. L-a deschis și sus se putea citi "Putere Creatoare". Daniel a eliberat sulul pe Pământ și tot Cerul a strigat de bucurie. Când au terminat, Daniel și cu mine ne-am întors pe plajă prin acea poartă.

Când am ajuns pe plajă am respirat adânc și m-am întors spre Daniel. Daniel a zâmbit și mi-a spus, "Pe vremuri astfel de mandate erau eliberate pe Pământ o dată într-o generație. În zilele următoare vor fi eliberate mai multe mandate decât în toate generațiile la un loc. Tu faci parte din generația în care tot ce a fost pecetluit în timpul meu începe să fie descoperit. Creșterile științei și tehnologiei vor fi exponențiale. Biserica a fost infiltrată de o gândire de genul "nu poate fi mai bine de așa". Pe măsură ce cunoașterea e eliberată gândirea va deveni "se vor schimba lucrurile în mai bine din nou". Vrei să tragi cu ochiul și să vezi câteva din lucrurile care urmează să fie eliberate?"

"Da," am răspuns emoționat.

"Îți voi arăta în acest fel," a răspuns Daniel.

Când Daniel a terminat propoziția, i-a apărut în mână o carte. Titlul ei era "Inginerie Astrală". L-am privit cu uimire. A zâmbit și mi-a spus să privesc din nou. Când m-am uitat din nou titlul cărții era schimbat și se numea "Crearea florei și faunei". L-am privit din nou pe Daniel foarte surprins și el m-a rugat să privesc cartea încă o dată. De această dată titlul cărții era "Creația imaginativă, construcția și repararea lumii din jurul tău".

Eram entuziasmat. Văzându-mi entuziasmul Daniel mi-a spus, "Aceasta este doar o mostră de mărimea unei lingurițe de ceai, a ceva de mărimea Pământului, și generația ta va începe să descopere aceste lucruri".

Rămăsesem fără cuvinte și începeam să mă obișnuiesc să nu mai am nimic de spus. I-am zâmbit lui Daniel, i-am mulțumit și el a dispărut.

Iosif Tâmplarul

CAPITOLUL 12

"IOSIF TÂMPLARUL"

COMOARA DIN ÎNTUNERIC

Copleșit dincolo de orice așteptare, am stat pe plajă cuprins de venerație, uimire, plin de Frica de Dumnezeu. Nu mai știam să plâng, să râd, să plutesc sau să intru într-o stare de bucurie și extaz. Eram învăluit de emoții ce veneau val vârtej pe măsură ce realizam Mila și Grația care mi-au fost dăruite în această călătorie și Comorile ascunse pentru mine în Întuneric, care acum mi-au fost descoperite în lumină. Neștiind ce să fac de acum, m-am întins din nou pe nisip, mi-am aruncat mâinile deasupra capului în așa fel încât puteam simți nisipul și am privit galaxiile deasupra mea, lăsându-mă furat pe brațele fericirii. În momentul în care am simțit nisipul pe mâini, eram ancorat, nu mai exista cale de întoarcere așa că am gustat din plin acest moment de reflexie al călătoriei mele. Pentru mine, tot ce tocmai am descris că s-a întâmplat era dincolo de orice vis sau așteptare. Felul în care Tatăl poate să ne arate iubirea Lui pentru fiecare în mod atât de personal și atât de profund, este uimitor. Relațiile noastre și felul în care ne-a creat să funcționăm măresc misterul cunoașterii Lui intime. Pentru Cineva atât de puternic, El iubește în mod extraordinar.

În timp ce eram întins pe plajă am simțit prezența blândeții apropiindu-se de mine din spate. Crezând că este Isus, m-am întors să îl văd. Spre surprinderea mea nu era Isus, ci îl priveam entuziasmat pe acela care i-a fost tată pe Pământ. Iosif Tâmplarul. Era întruchiparea blândeții. Cu mare grijă s-a apropiat de mine zâmbind ca cineva care iubea totul. Iosif m-a îmbrățișat ca un Tată și apoi mi-a spus, "Sunt așa de bucuros să te întâlnesc, am foarte mult de investit în generația ta și generațiile care urmează. Vreau să îți vorbesc despre cum a fost să îl cresc pe Fiul lui Dumnezeu și cum poți tu să crești fii de Dumnezeu și să le dai educația părintească în privința căilor cerești."

Încă buimăcit de intensitatea gloriei divine, simțindu-mă ciudat dar vrând să îl onorez pe acest om, am spus singurul lucru (nepotrivit) la care m-am putut gândi, "Mmmm, DA."

Iosif, surprins de comentariul meu, m-a privit ciudat și a râs cu poftă. M-a luat de mână și a început să îmi arate de undeva de sus, din afara timpului, viața lui cu Isus pe Pământ. Am putut vedea emoțiile și frica din momentul în care Magii au apărut la nașterea lui Isus. Pentru Iosif Tâmplarul, realizarea că 'fiul' lui era Dumnezeu s-a petrecut în etape, dar toată responsabilitatea a venit dintr-o dată. Într-o zi Iosif era un tâmplar, și ziua următoare i s-a încredințat să iubească pe cel mai important om care a pășit pe Pământ, care primea vizite ciudate și bogății enorme de la Magi. Iosif nu era pregătit pentru asta și era doar începutul.

După scena cu mulți Magi, am fost dus în perioada copilăriei lui Isus. Iosif l-a iubit atât de mult. Era literalmente lumina lumii lui Iosif și Iosif dorea totul pentru Isus. Iosif ar fi făcut orice pentru El. Apoi am văzut momentul când Isus avea doisprezece ani și stătea între Rabini. Era cu totul diferit, văzând scena din perspectiva lui Iosif. Era sincer îngrijorat pentru fiul său. Isus dispăruse și Iosif îl iubea așa de mult. Când Isus a fost găsit și Iosif și Maria au reacționat ca orice părinte, "Ce faci? De ce? Unde ai fost?"

Simplu spus, se temeau pentru viața Fiului lui Dumnezeu. Îl cunoșteau doar în trup. În acel moment Isus era atât de învăluit în inima Tatălui nostru ceresc încât nu înțelegea de ce părinții lui de pe Pământ se întrebau unde putea El fi. Totuși chiar și la doisprezece ani, Isus a fost destul de smerit și înțelept ca să meargă și să se supună părinților, chiar dacă ei nu înțelegeau încă cine era El cu adevărat și ce făcea. Această zi i-a marcat pe Iosif, pe Maria și pe Isus.

Eram uimit de lucrurile pe care le vedeam. Nu am văzut niciodată funcția de părinte din această perspectivă și cât de frustrant a fost pentru Iosif ca tată să îl vadă pe Isus începând să umble în acord cu destinul Lui. În acel moment Iosif nu înțelegea, pur și simplu. În același timp era încurajator să realizez că, deși Isus era fără păcat și destinul lui era cutremurător, relațiile lui cu cei apropiați nu erau ușoare. De fapt erau mai grele. Foarte puțini i-au înțeles inima, ceea ce a făcut ca iubirea să fie singura lui opțiune. Isus a iubit atât de mult încât a început să fie părinte propriului său tată de pe Pământ, Iosif. Viața din familia lui era o demonstrație a iubirii. Cu cât iubea mai mult cu atât familia lui învăța mai mult despre adevărata Lui identitate. Făcea miracole în fața lor pe care doar ei puteau să le vadă, nu pentru a fi înțeles, ci pentru a le demonstra felul în care Tatăl nostru ceresc ne iubește. Abundența iubirii și creșterii între Iosif și Isus ca tată și fiu a fost foarte importantă în dezvoltarea relației lui cu Tatăl Ceresc. Cu cât Isus îl iubea mai mult pe Iosif, cu atât creșteau amândoi.

Ieșind din această întâlnire, Iosif mi-a zâmbit și mi-a spus, "Vin-o cu mine."

Mergând spre poartă, am știut că e pentru ultima dată. Am admirat poarta în toată frumusețea ei, și am pășit prin ea în cealaltă parte, împreună cu Iosif Tâmplarul. Din nou ne aflam în afara atmosferei terestre. La mică distanță L-am văzut pe Isus stând lângă Iosif, amândoi în forma lor glorificată. Emanau atât de multă putere încât m-am bucurat că nu mă aflam chiar lângă ei. Am fost copleșit de venerație. În fața mea se aflau Isus din Nazaret stând lângă Iosif Tâmplarul, tatăl lui pământesc! Stăteau unul lângă altul reprezentând întruchiparea a ceea ce înseamnă să crești împreună în relația cu Dumnezeu. Amândoi părinți, amândoi fii. Au privit spre Pământ și și-au înlănțuit brațele. În acel moment s-a produs un schimb între ei. Amândoi au început să crească; rapid ajunseseră să fie mult mai mari decât Pământul. În timp ce creşteau, gloria divină care părea o substanţă electrică se schimba între ei într-un flux aproape constant. Creşteau în mărime dar şi în putere împreună. Aceasta a dus la o nouă realizare a ceea ce înseamnă să creşti în favoare cu Dumnezeu şi cu oamenii. Într-un sfârşit, întinzând mâinile spre Pământ în uniune perfectă, cuprinzându-l în mâinile lor, Isus şi Iosif au tras Pământul spre ei încorporându-l în ei şi au privit spre mine.

Cu gura căscată, am văzut pe Isus din Nazaret şi Iosif Tâmplarul, Dumnezeul-om şi un Om în Alb, împreună devenind, reprezentând şi descoperind sensul acestei călătorii; Bogăţiile Părinteşti descoperite pe Pământ. Smerenia, plânsul, blândeţea, dorinţa, mila, puritatea inimii, împăciuirea şi persecuţia (Matei 5:3-10).

Împreună în uniune perfectă, Isus şi Iosif declarau şi se bucurau de cea mai râvnită parte a rolului de Părinte. Relaţia cu Fiul.

Notă personală a autorului

Doresc să acord un timp pentru a vă mulțumi. Călătoria prin aceste două cărți a fost lungă și glorioasă. Vă mulțumesc. Poate vi se pare că ambele cărți s-au terminat brusc, chiar așa este. Nu există cuvinte care să le schimbe. Când s-a oprit revelația, m-am oprit și eu. Comorile descoperite în această carte sunt Comorile Paternității, din perspectiva Oamenilor în Alb și din perspectiva noastră de a ne maturiza ca părinți spirituali. După părerea mea, timpul acordat alinierii vieților noastre la modelul și revelația din 'beatitudini', e un timp bine petrecut. Nu mi-am dat seama cum va deveni cartea un întreg până când nu am scris ultimele trei paragrafe. Am fost copleșit zile întregi când am realizat că întreaga carte este despre a fi părinte. Meditând asupra cărții, a revelației primite și a Oamenilor în Alb implicați, a fost pentru mine cel mai onorabil moment din viață. Vă mulțumesc din nou că ați împărtășit acest moment cu mine.

Această serie are doisprezece cărți. Când am terminat această carte, singura revelație privind următoarea carte era titlul ei. Se va numi "Viața transcendentală". Sunt bucuros și onorat să vi-o descopăr pe măsură ce se va desfășura în viața mea.

Sănătate,

Joseph

Despre autor

Joseph Sturgeon trăiește și lucrează în Alabama. Îi place să petreacă timp în Cer și să scrie despre aceste experiențe.

Altfel îl veți găsi bucurându-se de natură, fiind implicat în lumea afacerilor sau călătorind cu prietenii.

Mai multe informații puteți găsi pe www.revelationrevealed.net

Seraph Creative este un grup de artiști, scriitori, teologicieni și graficieni care doresc să vadă Trupul lui Hristos crescut la maturitate, umblând în moștenirea lor ca Fii de Dumnezeu pe Pământ.

Pentru mai multe titluri de calitate vizitați pagina noastră:

www.seraphcreative.org

www.ingramcontent.com/pod-product-compliance
Lightning Source LLC
Chambersburg PA
CBHW050319010526
44107CB00055B/2308